世界の祝祭日の事典

中野展子[著]

東京堂出版

はじめに

　皆さんにとって、祝祭日や記念日といえる日はどのくらいありますか？
　一生の中でも、誕生日や入学・卒業の日、入社した日、結婚やこどもの誕生日、あるいは家族の誰かにまつわる大事な日、これだけは忘れられない思い出の日などがあると思います。たとえそれが、ささやかな自分だけのお祝いの日、記念の日であっても、そんな特別な日がもてることは幸せなことなのかもしれません。
　祝祭日や記念日というのは、忘れられない（忘れてはならない）、特別な日のことです。
　それは必ずしも幸せな佳き日ばかりではなく、辛く悲しい出来事を記念する日もあります。個人にもあるし、日本という国にも、世界の国のそれぞれに記念すべき特別な日はあります。
　本書では、世界の国々の主な祝祭日や記念日を、できるだけわかりやすく簡単に整理して紹介しています。
　本書をつくるにあたって、気づいたことがあります。世界にはたくさんの祝祭日・記念日があるということ。それぞれの背景には、その国の歴史や逸話があります。
　また、世界には意外な祝祭日や記念日があることも知りました。
　特に国際デーとして国連が掲げている記念日は、現代の世界が抱えている多様で深刻な問題がそのまま反映しています。
　たとえば次のような国際デーが制定されているのを、皆さんはご存知だったでしょうか？

　　奴隷および大西洋間奴隷貿易犠牲者追悼国際デー
　　拘留中または行方不明のスタッフと連帯する国際デー
　　地雷に関する啓発および地雷除去支援のための国際デー
　　職場での安全と健康のための国際デー
　　化学兵器による全ての犠牲者を追悼する日
　　産科瘻孔をなくすための国際デー
　　侵略による罪のない幼児犠牲者の国際デー
　　国際アルビニズム（白皮症）啓発デー

拷問の犠牲者を支援する国際デー
奴隷貿易とその廃止を記念する国際デー
ジャーナリストへの犯罪不処罰をなくす国際デー
世界トイレデー
国際腐敗防止デー

　上記のような記念日が設けられることの意義は、一つには、記念日がなければ当事者以外およびもつかないような出来事に光を当て、目を向かせてくれるということではないでしょうか。
　世界の中には平和な国に住む私たちには想像もつかない悲惨な状況がまだまだあります。国際デーの中には、事件や国際問題などが契機となって、記念日が設定されたものも多いので、これらを知ることは、悲惨な現実を理解するだけでなく、国際間の力関係や世界の成り立ちが大局的に見えてきたりして、生きた歴史の学びともなるのです。

　本書は次のような内容で構成されています。
・本書は3部構成になっており、Ⅰ部でいくつかの有名な祝祭日や記念日を題材に、そのはじまり・由来を掘り下げました。
・Ⅱ部の月の初めの扉頁には、英語の月名とその語源を紹介。あわせて、その月の宝石とその石のもつ石言葉、誕生花も紹介します。
・Ⅱ部で、1年間の祝祭日・記念日を日付順に紹介し、解説しています。加えてその月の主な出来事と、その月に生まれた重要な人物の誕生日や主な功績を紹介しました。
・祝祭日や記念日が複数日ならびに1週間にわたるもの、祝日・記念日の日付が年によってかわるものなどは、まとめてその月の末尾に紹介しています。
・Ⅲ部で、国際連合ならびに国際組織が制定した記念日をまとめて紹介しています。さらに、世界の国々の建国記念日と独立記念日を紹介しています。
　なお、祝祭日・記念日の名称は本来、各国ごとに原語の表記があるわけですが、本書は巻末に掲げた文献等も参照しながら、日本語で一般的と思われる名称を掲げました。

本書の使い方としては、仕事や学習の場で、雑学の勉強や話題づくりのために活用できますし、会話やスピーチの題材としても大いに役立てていただけるのではないでしょうか。

　海外旅行の渡航先にどんな記念日があるのか、お出かけの前に知っておくことは、旅のマナーのうえでも大切なことです。独立記念日や建国記念日などは、その国にとって特に重要なものです。

　自分や家族や知り合いの誕生日と同じ日に、祝祭日や出来事が重なると興味が増すものです。祝祭日・記念日にはそれぞれ設立の由来があります。

　本書では、かぎられた紙面でもあり、それぞれの解説は数行ですが、その背景には長い経緯や由来があります。本書を読んで、興味のわいた祝祭日・記念日があれば、そこからさらに掘り下げて、歴史などを詳しく調べてみるのも楽しいのではないでしょうか。

　世界のすべての祝祭日・記念日をここに掲載することはできませんが、その代表的なものは紹介されています。新たな知識が増えることで、毎日の暮らしをより豊かなものにしていただければ幸いです。

著　者

もくじ

はじめに ……………………………………………………… iii

Ⅰ 祝祭日・記念日のはじまり ……………………… 1

Ⅱ 世界の祝祭日・記念日 366 日 ……………… 15
　　1月 …………………………………………………… 17
　　2月 …………………………………………………… 27
　　3月 …………………………………………………… 39
　　4月 …………………………………………………… 51
　　5月 …………………………………………………… 61
　　6月 …………………………………………………… 73
　　7月 …………………………………………………… 85
　　8月 …………………………………………………… 99
　　9月 …………………………………………………… 111
　　10月 ………………………………………………… 123
　　11月 ………………………………………………… 137
　　12月 ………………………………………………… 149

Ⅲ 世界各国の祝祭日・記念日 …………………… 159
　　世界各国の祝祭日・記念日 ………………… 161
　　国際デー ………………………………………… 192
　　世界各国のナショナルデー（国家の日）……… 197

索　引 ……………………………………………………… 205
参考文献 ………………………………………………… 213

Ⅰ　祝祭日・記念日のはじまり

年のはじめは1月1日ではなかった？

　「1年の計は元旦にあり」、とは毛利元就の言葉だといわれているが、何事も最初が肝心であるように、1年の最初の日には特別な意味がある。
　これは日本だけのことではなく、世界的にみても、元旦は1年の祝日の中でもっとも古くから、そして全世界共通に大切にされている祝日である。
　元旦は、いま私たちが使っている暦が生まれるずっと以前にすでにあった。ただし、それは1月1日ではなかったという。

　最も古い新年の祝賀行事は、紀元前2000年頃の古代バビロニアの首都バビロンで行われたものだとされている。
　古代バビロニアでは、月の満ち欠けの研究をもとに太陰暦が採用されていた。
　新年の始まりは、農耕の春の始まりである春分の日で、3月下旬（3月21日ごろ）となっていた。
　新年の祝祭は11日間にもおよび、古代バビロニアの主神で農業神であるマルドゥックに豊作を祈り、感謝を捧げる儀式を行った。マルドゥックに奉納する無言劇が演じられたり、「ニュー・イヤー・ハウス」と呼ばれる祝賀用の建物に向けて、音楽や踊りをともなう壮麗なパレードが行われたという。

　このように春の種まきの時期であった新年が、いつごろから1年のはじまりを冬の1月とするようになったのだろうか。
　紀元前8世紀頃のローマで使われていたとされる「ロムルス暦」では、1年が10の月しかなく、農業をしない冬の期間には月日が割り振られていなかった。1年のはじまりの月は、春分のころの3月である。その後の「ヌマ暦」では、冬の期間にも2つの月が割りあてられ、1年は12カ月になったが、1年の日数は355日しかなかった。そのため、閏月（うるう）を入れることで、季節と暦の間にズレが生じないように調整をしていた。
　ところが、政治的混乱や戦争があったことで、閏月が正しく挿入されないことがあり、ユリウス・カエサル（ジュリアス・シーザー）の時代には、暦が実

際の季節にくらべて2カ月以上も進んでしまった。

　そこで紀元前46年、ユリウス・カエサルは暦のゆがみを正すために暦を改変し、平年を365日、4年に1度の閏年を366日とする「ユリウス暦」を制定し、1月1日を元旦とした。その功績を称えて彼の誕生月の7月は、カエサルの名前Iulius（英語のJuly）に改称された。

　実際に新年が1月1日に定着するのは、もっとずっと後のことであった。

　西暦325年のキリスト教全教会の代表者を集めた公会議、「ニケア宗教会議」で、「春分の日」が3月21日と決められるが、日付を固定していたため長い年月のうちに暦と季節が合わなくなった。

　16世紀には、天文学上の「春分」は、現在の3月11日ごろにまでずれてしまったという。

　そこで、「ニケア宗教会議」での決定を尊重しつつ、春分の日が3月21日ころになるよう、1582年にローマ法王グレゴリウス13世によって、ユリウス暦から「グレゴリオ暦」への改暦が行われた。閏年の入れ方も、ユリウス暦での4年に1度から、400年に97回入れるという方法に変わり、暦の1年の長さが実際の1年の長さに近くなるように調整された。

　グレゴリオ暦は、世界中の国々で採用されるようになり、ここにきてようやく、元旦が1月1日として定着していった。

　11世紀から13世紀ころのヨーロッパでみても、イギリスでは元旦は3月25日、フランスでは3月末からの復活祭（イースター）の日が元旦であったとされ、1月1日を元旦とする地域はむしろまだ少なかった。その意味で、1月1日に新年を祝うという習慣は、はじまってからまだ400年余りなのである。

エイプリル・フール(4月1日) ウソのような始まり

　エイプリル・フール（April Fool）は、直訳すれば4月に騙されたバカ者ということになる。漢語的に訳すと「万愚節」、中国語では「愚人節」となる。
　騙された者がバカにされているのだが、それでも文句を言えないのは、この日だけは嘘をついても許されるといわれているからである。
　エイプリル・フールの習慣は世界中に広まり、今でもこの日になると罪のないウソをつく遊びが行われている。エイプリル・フール自体は誰もが知っている記念日なのに、その起源についてはあまり知られていない。
　実は、エイプリル・フールの始まりについては諸説あって、まるでエイプリル・フールのジョークのように、どれが本当でどれがウソなのかはっきりしていないのである。

　そんな中で、エイプリル・フールの起源としてよく紹介されるのが、フランスのシャルル9世（1560年12月5日－1574年5月30）治世下に起こったとされる、以下のような逸話である。
　当時のフランスでは、新年の始まりは春分の日の3月25日で、この日から1週間後の4月1日までを新年として祝っていた。（1564年）シャルル9世は新年を1月1日とする暦を採用すると宣言した。これに反発したフランス国民は、4月1日を「ウソの新年」として、この日にバカ騒ぎをした。その際、ウソの新年を祝って騒動を起こした人々を、国王が憤慨し処刑してしまうという事件が起こった。国民はその事件にショックを受け、抗議の意味を込めて、その後も毎年4月1日に「ウソの新年」を祝う習慣を行ったという。これがエイプリル・フールのはじまりとなったという。

　この話はいかにも真実味のあるエピソードではあるが、歴史的事実と異なる部分があるので、信ぴょう性に欠けているのだ。
　まず1月1日を新年とする暦とはグレゴリオ暦のことで、これは1582年2月に発布され、その後ヨーロッパに徐々に導入された。フランスでも1582年の12月20日に採用された（上記の1564年ではない）。新暦採用の年に、シャルル

5

9世はすでに亡くなっており、グレゴリオ暦に切り替わったのは弟のアンリ3世の治世下である。したがって、シャルル9世の暦導入を巡って国民が反発する、という話の前提がなくなってしまうので、エイプリル・フールのはじまりにシャルル9世がきっかけを作ったとは考えにくいのである。

　フランスにはエイプリル・フールにちなんで、「4月の魚」（フランス語でプワソン・ダヴリル）という言葉が残っていて、現代でも使われている。新暦の導入に抵抗して古い習慣にこだわっている人たちを「4月の魚」と呼んでからかったという。なぜ「4月の魚」なのかというと、うお座は3月20日で終わり、4月1日は牡羊座に入っているのに、「まだ、うお座にこだわっている人＝時代遅れの人」という意味で使われていた。

　4月1日に行われることは、エイプリル・フールとみなされてしまうのが、やっかいなところではある。かつて、フランス皇帝ナポレオンが2度目の妻となるオーストリア人のマリア・ルイザと結婚したのが、1810年4月1日であったため、マリア・ルイザはのちのちまで「4月の魚」のあだ名で呼ばれたという。

　エイプリル・フールの起源についてはほかにも説があるが、ウソをつく＝無駄なことをする（させる）という意味あいから生じた起源説がいくつかあるので、それを紹介しておこう。

■イエス・キリストの処刑の日の出来事

　イエス・キリストがゴルゴダの丘で処刑される直前に、イエスがローマの役人の間をたらい回しにされたという茶番劇が、エイプリル・フールのはじまりだという説がある。ヨーロッパでは、中世の聖史劇にこのたらい回しの話がよく登場する。

　弟子ユダの裏切りで捕らえられたイエスは、取り調べのため大祭司のアンナスのもとへ連れていかれる。つづいて大祭司カヤパ（カヤファ）のもとへ、それからローマ総督ピラトのもとへ連れていかれた。さらにヘロデ王のもとへ、そして再びピラトのもとへと、たらい回しにされる。

　ローマ総督ピラトは、イエスに何の罪もないことを知りながら、ユダヤ民衆の暴動を恐れて、イエスを十字架につけるよう命令した。こうして、イエスは2人の強盗とともに罪人として十字架刑を受けた。

　こうして、イエスは宗教指導者と政治的権力者の間をたらい回しにされたあ

げく、真実よりも権力者たちの保身・都合が優先され、民衆の無知な付和雷同も加わって、不当な十字架刑がくだされたのであった。

このような、結論は出ていながらも人に「無駄足を踏ませる」という行為は、真実とは逆のまやかし・ウソの世界である。そんな意味から、イエス・キリストのたらい回しの史実が、エイプリル・フールの起源説と結びついたようである。

■ 修行が無駄になる日

インドの修行者たちは春分の日から1週間、悟りを開くための過酷な修行を行う。そして、4月1日に修行を終えて現世に戻ってくると、せっかくの悟りを得た境地から、迷いの多い普段の状態に戻ってしまう者もいる。このつらい修行を無駄にしてしまうことを揶揄するという意味で、修行の期間が明けた日のことを「揶揄節」と呼ぶ。

4月1日に人に無駄なことをさせて、それをからかったことから、エイプリル・フールの起源になったという説がある。

■ ノアの方舟の日説

キリスト教の旧約聖書で、ノアの方舟(はこぶね)にちなむ説。ノアが航海中の方舟からハトを放ち陸を探そうとしたが、4月1日にハトは何も見つけられず戻ってきた。そのことから、4月1日を「無駄に過ごす日」、「ウソをついてもいい日」となったとされている。

その後、ノアは再度ハトを飛ばしたところ、今度はハトがオリーブの枝をくわえて戻ってきたため、近くに陸があることがわかり、上陸地を見つけることができたという。

バレンタインデー(2月14日)は、
恋人たちの守護聖人バレンタイン殉教の日

　バレンタインデーは、愛に包まれた恋人たちのための祭典。
　今では、チョコレートの甘い香りとともに華やかに祝われる記念日というイメージがある。
　紀元前496年にはじまり、聖バレンタインの名前が冠されたバレンタインデー誕生の由来は、決して甘いものではなかったようだ。
　そもそもバレンタインデーは、カトリック教会が当時盛んに行われていた異教の祭典「ルペルクス」を苦々しく思い、これを停止させようとして、それより200年前に撲刑のうえ、斬首された殉教者のバレンタインの祝祭を代わりにもってきたことにはじまる。

　バレンタインが恋人たちのために殉教したのは紀元270年のこと。時の皇帝クローディアス2世の怒りに触れたためである。クローディアス2世は、その性格から狂帝と呼ばれていた。
　当時クローディアスは、兵士は結婚すると士気が落ちると考えていたため、兵士たちに結婚禁止令を出していた。
　しかし、それでも結婚したいという恋人たちはいたので、インテラムナの司教だったバレンタインは、結婚したい彼らをこっそりと自分のもとに呼んで、結婚式を挙げていた。この「恋人たちの友」の存在は、やがてクローディアスの耳にもはいり、皇帝は怒ってただちに捕えて自分の前に引き出すよう命じた。
　皇帝の前に連れてこられたバレンタインの堂々と信念に満ちた態度に皇帝は感服し、バレンタインに対し、ローマの神々に改宗することを条件に命を助けようともちかけた。ところがバレンタインは、命ごいはせず、むしろ皇帝にキリスト教への改宗を勧めた。
　結局、皇帝の意に従わなかったバレンタインは、紀元270年2月14日に棍棒と石で打たれたのち、斬首された。

> バレンタインデー（2月14日）は恋人たちの守護聖人バレンタイン殉教の日

　さて、時は巡って紀元496年、教皇ゲラシウスはかねてより苦慮していたルペルクス祭を禁止した。
　ルペルクスの神の祭典というのは、紀元前4世紀の昔からあった祭りで、祭りの時に若い男たちがくじを引いて恋の相手を決めるというならわしがあった。くじというのは、十代の娘たちが自分の名前を書いて箱に入れ、それを男たちが引くというシステム。このくじで出来上がったカップルは、1年間恋人でいることになっていた。
　この長く続けられてきた行事をいかがわしく考えていた教会の神父たちは、なんとかこれをやめさせようとして、ルペルクスの代わりとなる魅力的な恋人たちの守護聖人を見つける必要があった。
　そこで抜擢されたのが、200年前に殉教した聖バレンタインであった。
　紀元496年、教皇ゲラシウスは2月15日に行われていたルペルクス祭を禁止した。しかし、賭け事好きなローマ人のためにくじ引きの行事を残した。といっても、くじは恋人探しのための娘の名前ではなく、キリスト教の諸聖人の名前が書かれており、それを引いた者は、1年間その聖人の行いを見習うようにとの勧めだった。
　紀元496年、教皇ゲラシウスによっては2月15日に行われていたルペルクス祭が禁止され、聖バレンタインの殉教した12月14日をもって、聖なる日として生まれかわったのである。
　いずれにせよ、今日の私たちが慣れ親しんでいるバレンタインデーの起源はここにはじまる。

　ルペリクス祭は、当時のローマの若者にとって男女の出会いの場であった。
　しかし、その祭りが廃止され、女性を誘惑する場所も機会もなくなった若者たちは、苦肉の策として、好きな女性に向けて自分の手でカードに誘いの言葉を書き、2月14日に相手に手渡した。バレンタインカードのはじまりである。
　その際に、カードの中に守護聖人バレンタインの名前を書き添えた。そうすることで教会から罪に問われることを避けたのである。
　キリスト教の普及とともに、バレンタインカードも広まった。
　現存する最古のバレンタインカードは、1415年にロンドン塔に幽閉されていたオルレアン公シャルルが妻にあてて贈ったもの。現在はロンドンの大英博物館に所蔵されている。

その後もバレンタインカードの習慣はすたることはなく、今日まで盛んに続いている。ちなみに、アメリカでカードを贈る人は、クリスマスがトップで次がバレンタインデーだということである。

クリスマスの由来

■その1　クリスマス（12月25日）はキリストの誕生日ではなかった⁉
　世界中で最も多くの人が祝う聖なる日といえば、12月25日のクリスマスではないだろうか。
　イエス・キリストが生まれた日としてこの日に祝うのであるが、本当に12月25日に生まれたのかどうかは、実は誰も知らないのである。
　そもそも、キリストが生まれて何世紀もの間、その正確な誕生日を誰も知らなかったという。当時は、生まれた日はそれほど大事ではなく、死んだ日のほうが重要視されていた。
　神学者たちの間で行われた、キリスト降誕の日を突き止める調査では、春の生誕説が有力のようである。
　『ルカ伝』によれば、救世主誕生のお告げを聞いたのが「夜、羊を見張っていたとき」とあり、羊飼いが夜羊を見張るのは、春の子羊の時期であった。冬は羊を囲いの中に入れるので見張らない。ということから、キリストの降誕は少なくとも冬ではなくて、春だということになる。
　ではなぜ、キリストの誕生が冬の12月25日になったのだろうか。
　それを考えるうえで重要になるのが、キリスト教の最大のライバルであったミトラ教の祝日が12月25日であったことである。
　古代ローマのユリウス暦制定のころは、ミトラ教が最大派閥であった。ミトラ教はペルシャに始まり、紀元前1世紀にローマに伝わって、ローマ最大の宗

教に成長し、紀元274年に皇帝アウレリアヌスによって国教に定められた。

　古代ローマでは、太陽の高度が最も低くなる冬至に重要な祭りを行っていた。ミトラ教では、主神の太陽神ミトラが冬至に死んで、その3日後に復活するとされていた。そのミトラ復活の日が12月25日である。

　ミトラ教の信者たちが「ナタリス・ソリス・インビクティ（不敗太陽神の誕生日）」と呼ぶ、太陽神ミトラの誕生日を祝う日であった。

　この日は冬至祭と重なり、ローマ最大級の祭となっていた。

　その後、紀元1〜4世紀の間にキリスト教がミトラ教にとってかわる。

　キリスト教が異教徒を改宗させる過程では、異教徒が大切にしていた祭りに代わるものを用意する必要があった。特にローマ人は、伝統的に祭り好きであった。

　ミトラ教の祭日である12月25日がキリスト教の祭日（キリスト生誕の日）として受け継がれたのも、そんな理由があったからである。325年キリスト教会は、キリスト生誕の日として正式に採用した。

　これがクリスマスの起源といわれている。

■その2　サンタクロースのモデルは誰？

　サンタクロースのモデルは、セント・ニコラオス（ニコラス）であるといわれている。

　セント・ニコラオスは4世紀ころの東ローマ帝国・小アジアのミラの司教（主教）。「ニコラオス」の名はギリシア語表記。ラテン語ではニコラウス。イタリア語、スペイン語、フランス語ではサン・ニコラ。イタリア語ではニコラオ、ロシア語ではニコライと呼ばれる。

　ニコラオスは幼いころかたいへん信心深く、一生を神に捧げ、さまざまの奇跡を行ったと伝えられており、キリスト教世界を超えて全世界で親しまれている聖人である。

　ニコラオスがサンタクロースのモデルであった、と信じられるきっかけとなった逸話が残されている。

　あるところに、父親が商売に失敗し、貧しさのあまり3人の娘たちを身売りしなければならなくなったと嘆く一家がいた。いよいよ娘との別れが迫ったある日、家の暖炉にかけていた靴下に金貨が入っているのを父親が見つける。家族は驚き、誰がこのような恵みをもたらしてくれたのか知りたくて、翌晩家を見張っていると、なんとニコラウス司教が真夜中に家を訪れ、窓から金貨を投

げ入れていた。ちょうどこのとき、暖炉に下げていた靴下の中に金貨は入ったという。この金貨のおかげで家族は娘の身売りを避けられた、という逸話が残されている。

　この逸話がやがて「夜中に家に入り、靴下の中にプレゼントを入れる」ということになり、今日におけるサンタクロースの伝承が生まれたとされている。

　サンタクロースが煙突から入ることになったのは、1822年にアメリカの神学者クレメント・クラーク・ムーア博士がフィンランドの言い伝えを伝承した「聖ニクラウスの訪（おとな）い」という詩を書いたことによると考えられている。

　そこには、「キラ星のなか、屋根から降るのは／小さい蹄のたてる爪音／引っこめ振り向いて見ると／聖なるニコラウス煙突からどすん」とあり、これを新聞や雑誌が次々と取り上げたことで、サンタクロースのイメージが定着していったようである。

　ニコラオスは、学問の守護聖人・子どもたちの守護聖人・商人の守護聖人として、また、船乗りたちの守護聖人として崇められていた。

　「聖（セント）ニコラオス」という呼称をオランダ語にすると「シンタクラース（スィント・ニコラース）」となる。オランダでは14世紀ころから聖ニコラウスの命日の12月6日を「シンタクラース祭」として祝う慣習があった。

　その後、17世紀アメリカに植民したオランダ人により英語化して「サンタクロース」と伝え、サンタクロースの語源になったという説がある。

　アメリカに最初に移住してきたオランダ人たちの乗った船の舳先（へさき）には、船乗りの守護聖人であるセント・ニコラオスの像が飾られていた。

　彼らが現在のニューヨークを中心に、ニューアムステルダムという植民地を開いたとき、最初に建てた教会にもセント・ニコラオスの名がつけられたという。

　このオランダ人の移民たちのクリスマス習慣が、アメリカに移入され、新世界に広がったといわれている。

　正教会系（エルサレム総主教庁、ロシア正教会など）の国では、サンタクロースは「奇跡者」の称号をもつ聖人である聖ニコラオス（聖ニコライ）のことである。

　聖ニコラオスの祭日は、ユリウス暦を採用しているため12月19日であり、主の降誕祭（クリスマス）は、現行の暦に換算すると1月7日である。

　子どもたちがこの日に枕元に靴下を吊しておくと、翌朝にはお菓子が入っ

ている。クリスマスである12月25日は聖体礼儀に行く日で、プレゼントはないとされる。

■その3　クリスマスツリーとマルティン・ルターとの関係とは？

　クリスマスにモミの木を飾る習慣が始まるのは、紀元700年前半のドイツだといわれている。

　英国人宣教師であった聖ボニフェイスがドイツに伝道に来ていたときのことである。

　ガイスマルという町の近くで、ゲルマン人のドルーイドたちに説教をしていた際に、ドルーイドたちがオークの木を崇拝していたことに対し、オークが特別に神聖な木ではないことを理解させようとしていた。

　ボニフェイスは、そこに立っていたオークの木を1本切り倒させた。すると、オークはあたりの低木の木々をなぎ倒し地面に倒れたが、なぜか不思議にもモミの木の若木だけがそこに残って立っていた。そこで、ボニフェイスは、モミの木が生き残ったのは、キリストの降誕と同じ奇跡であるとして、「これからはモミの木を『幼児キリスト』と呼ぶことにしましょう」と宣言した。

　それ以来、ドイツではクリスマスの日にモミの木の植樹が行われるようになったとされている。

　クリスマスツリーは、ドイツ語ではクリストバウム。

　16世紀になると、ドイツ人はクリスマス用にモミの木に飾りつけをして、クリストバウムを戸外や家の中にも飾るようになった。

　1561年のアルザス地方の森林伐採条例の内容によると、市民はクリスマス用に2本以上のモミを伐採しないこと、とある。

　モミの木に火を灯したろうそくを飾ることを言い出したのは、宗教改革で有名なマルティン・ルターといわれている。

　ある冬の日の夜、家に帰る道すがら、ふと空を見上げると、木々の間からきらめく星々の美しさが眼に入ってきて、心を動かされた。その美しさを家の者に再現して見せたいと、家に帰ったルターは部屋の中に木を立てて、その枝に火を灯したろうそくをくくりつけて飾ったという。

　1700年代のドイツでは、クリストバウムの習慣は全国に定着し、これが西ヨーロッパ各地に広がっていったという。

　イギリスでは、ヴィクトリア女王がドイツ人の夫君アルバート親王を迎えて

からのことといわれている。
　アルバート親王は、1840年にヴィクトリア女王と結婚すると、それまでイギリスになかったクリスマスツリーの習慣を取り入れるように、女王に勧めたという。
　アメリカにクリスマスツリーを持ち込んだのもドイツ人といわれている。1821年12月20日に、新世界ではじめてクリスマスツリーが登場した。

Ⅱ　世界の祝祭日・記念日 366日

1月 January

　Januaryの語源は、"物事の始まりと終わり"をつかさどるローマ神話の神ヤヌス（Janus）に由来している。
　日本で1月は、睦月(むつき)と呼ばれる。
　年の初めに親類や友人たちが睦みあう（親しくする）月ということで、睦月となった。

|1月の花| 福寿草、水仙
|誕生石| ガーネット（真実・貞操・忠実・友愛）

日本の祝祭日 ▶ 1日　元日
　　　　　　　第2月曜日　成人の日

1日

世界平和の日

　ベトナム戦争が激化していた1968年のこの日、ローマ教皇パウロ6世が世界中のカトリック教会に向けて、平和のための祈りを捧げるように呼びかけた。以来カトリック教会では、この日を「世界平和の日」と定め、戦争や飢餓、憎しみのない平和な世界の実現を祈っている。

パブリックドメインの日（Public Domain Day）

　パブリックドメインとは、著作物や発明などの知的創作物について、知的財産権が消滅した状態の著作物のこと。通常、著作物がパブリックドメイン化するのは死後70年後の1月1日からなので、この日がパブリックドメイン作品を自由に使用できることを祝う記念日となった。

キューバ開放記念日

　1959年のこの日、フィデル・カストロ、チェ・ゲバラらを中心とした革命軍によるハバナ占領により、キューバの革命政権が成立した。

スーダン独立記念日

　1956年のこの日、スーダンがイギリス・エジプト両国の統治下から独立した日。

[この日] チェコスロバキアが2つの国に分離

　1993年のこの日、チェコスロバキア共和国から、チェコ共和国とスロバキア共和国に分離独立した。

2日

[この日] ソ連、世界初の月ロケット打ち上げ成功

　1959年のこの日、ソ連が世界初の月ロケット、ルナ1号の打ち上げに成功した。

3日

[この日] エドモンド・ヒラリーが人類初のエベレスト登頂に成功

　1953年のこの日、ニュージーランド出身の登山家エドモンド・ヒラリーがテンジン・ノルゲイ（シェルパ）とエベレスト山頂に到達した。「なぜエベレストに登るのか？」と質問されたヒラリーが、「そこにエベレストがあるから」と答えたことは有名。

[この日] アメリカとキューバ国交断絶

　1959年、キューバにおいて、フィデル・カストロらはチェ・ゲバラとともに

革命政権を樹立。それまで友好国であったアメリカとの関係は悪化し、1961年のこの日、アメリカはキューバとの国交断絶を通告した。

誕生日 アイザック・ニュートン（1643年1月4日－1727年3月31日）

　イングランドの物理学者、数学者、天文学者。主な業績として、万有引力の法則・微積分法の発見、ニュートン力学の確立など。古典力学・近代物理学の祖といわれている。

誕生日 ヤーコブ・グリム（1785年1月4日－1863年9月20日）

　ドイツの文学者、言語学者、法学者。グリム兄弟の長兄。次兄ヴィルヘルムとともに『グリム童話』『ドイツ語辞典』などを編集した。

4日

ミャンマー独立記念日

　1948年のこの日、ミャンマーがイギリスから独立してビルマ連邦共和国（1948年から1989年までの国名）が成立した。

6日

この日 ルーズベルト大統領「4つの自由」の演説

　アメリカの第32代大統領フランクリン・ルーズベルトは、1941年の一般教書演説で、4つの普遍的な自由（表現の自由、信仰の自由、欠乏からの自由、恐怖からの自由）に基づいた世界の構築を提唱した。この演説は、のちの大西洋憲章や国連憲章の基礎となった。

7日

この日 ポルポト政権の崩壊（カンボジア）

　1979年のこの日、カンボジア救国民族統一戦線の首都プノンペン侵攻によりポルポト政権が倒され、クメール・ルージュの虐殺政権の終焉となった。

8日

誕生日 エルビス・プレスリー（1935年1月8日－1977年8月16日）

　現代音楽史を飾るアーティストの1人。史上最も成功したソロ・アーティストとしてギネス認定された。白人のカントリー音楽と、黒人特有のリズム・アンド・ブルースを融合させた画期的な音楽スタイルで、キング・オブ・ロックンロールと称される。1977年42歳の若さで急死した。

9日

聖ステファノの日

　キリスト教における最初の殉教者、聖ステファノを記念する聖名祝日の1つ。西方教会では12月26日に、東方教会ではユリウス暦の12月27日（グレゴリオ暦では1月9日）に祝う。

10日

[この日] イギリスで世界初の地下鉄開通

　世界初の地下鉄であるロンドン地下鉄は、1863年1月10日、パディントン駅－ファリンドン駅間5.5kmにおいて運用が開始された。

15日

[この日] 第1回スーパーボール開かれる（アメリカ）

　1967年のこの日、カリフォルニア州のロサンゼルス・メモリアル・コロシアムで、アメリカンフットボールのチャンピオンシップゲームであるスーパーボールが初めて開催された。

[誕生日] モリエール（1622年1月15日－1673年2月17日）

　フランスの俳優、劇作家。優れた喜劇を数多く創作し、フランス古典喜劇を完成させた。モリエールの率いた劇団が、フランスを代表する劇団「コメディ・フランセーズ」の前身となった。

16日

禁酒の日

　1919年のこの日、アメリカで禁酒法が公布されたことにちなんでいる。修正憲法18条の成立により、酒類の醸造・販売などを禁じた禁酒法が実施されたが、禁酒の完全実施は難しく、密造・密売を手がけたアル・カポネなどのギャングの収入源となった。禁酒法は世界大戦中の1933年まで存続した。

17日

[この日] 湾岸戦争勃発

　1991年のこの日、アメリカ、イギリスなどの多国籍軍によるイラクへの空爆が開始された。「砂漠の嵐作戦」と呼ばれたこの作戦により、湾岸戦争に突入し

たが、同年2月28日に終結した。

[この日] **ロサンゼルス大地震**（ノースリッジ地震）

1994年のこの日、アメリカのカリフォルニア州ロサンゼルスノースリッジ地方で発生した地震。マグニチュードは6.7。死者60名。フリーウエイの崩壊など経済的な損害も甚大だった。

[誕生日] **ベンジャミン・フランクリン**（1706年1月17日-1790年4月17日）

アメリカの政治家、実業家、科学者。若い時から印刷業で成功し、政界に進出。アメリカ独立に多大な貢献をし、建国の父の1人として称えられる。凧を用いた実験により、雷が電気であることを証明した。

19日

[誕生日] **ジェームズ・ワット**（1736年1月19日-1819年8月25日）

イギリスの発明家、技術者。故郷のグラスゴー大学で蒸気機関のことを知ったワットは、その改良に取り組み、効率の良い実用的な蒸気機関を発明した。産業革命の進展に寄与した功績を称え、国際単位系（SI）における仕事率や電力の単位に「ワット」という名称がつけられている。

20日

[この日] **アメリカがモスクワ五輪ボイコット表明**

1980年のこの日、アメリカのカーター大統領は、前年12月に起きたソ連のアフガニスタン侵攻に対し、1980年7月開催のモスクワ・オリンピックの参加をボイコットすることを決定。西側諸国にもボイコットを呼びかけた。（最終的な参加国数は80カ国）

[この日] **初の黒人の合衆国大統領、オバマ大統領誕生**

2009年のこの日、バラク・オバマが第44代アメリカ合衆国大統領に就任した。黒人で、1960年代以降生まれ、ハワイ州出身者としてアメリカ初の大統領である。2009年10月ノーベル平和賞を受賞。

[この日] **アメリカ合衆国大統領就任式の日**

西暦年が4で割り切れる年の翌年のこの日に、アメリカ合衆国大統領の就任式が行われる。大統領の任期は1月20日の正午に終了することとされているので、その瞬間から次の大統領が就任する。

[誕生日] **アンドレ＝マリ・アンペール**（1775年1月20日-1836年6月10日）

フランスの物理学者、数学者。電流と周囲の磁界との関係を表わした「アン

ペールの法則」や「右ねじの法則」(右手の法則) を発見。電流のSI単位である「アンペア」は、アンペールの名に由来している。

21日

聖アグネスの祝日（キリスト教）

異教のローマ長官の横暴に屈せず、キリストにわが身を捧げるとして、13歳で火刑に処せられ殉教した聖アグネスに捧げる聖名祝日。カトリックのミサで記念される女性のうち、聖母マリアを除く7人の中の1人。純潔、乙女の守護者といわれている。

[この日] 世界初の原子力潜水艦ノーチラス号進水

1954年のこの日、世界初の加圧水型原子炉を装備した米国の原子力潜水艦ノーチラス号が進水した。翌年、原子力を使ったテムズ川での初航行の際「本艦、原子力にて航行中」と打電した。

[この日] 超音速旅客機コンコルド運航開始

超音速飛行を追求した特徴的な形態のコンコルドは、イギリスとフランスが共同開発。1976年のこの日に運用開始された。高度5万5千～6万フィート、マッハ2.0で飛行。ブリティッシュ・エアウェイズとエールフランスによる運航が2003年11月まで続いた。

22日

[この日] 血の日曜日事件（ロシア）

1905年のこの日、ロシア帝国の首都サンクトペテルブルクで、皇帝ニコライ2世に対する労働者の平和的な請願行進が行われた。当時、搾取・貧困・戦争に喘いでいたロシア民衆が基本的人権を求めたものだが、軍隊は非武装のデモ隊に発砲した。その結果千人以上の死傷者がでたといわれ、のちのロシア第一革命の発端となった。

23日

[この日] ネーデルラント北部7州によるユトレヒト同盟結成

1579年のこの日、ネーデルラント北部7州が、スペインに対抗するための軍事同盟であるユトレヒト同盟を結成。これが現在のオランダ建国の元となった。

[この日] リヒテンシュタイン公国の誕生

ドイツ系貴族のリヒテンシュタイン家は、オーストリアの西にあるシェレン

ベルク男爵領と、隣接するファドゥーツ伯爵領を購入。1719年のこの日、神聖ローマ皇帝カール6世より、この2つの所領を併せてリヒテンシュタイン公（侯）領とすることが認められた。これによりリヒテンシュタイン公国が始まる。

[この日] 第2次ポーランド分割

1793年のこの日、プロイセンとロシアがポーランドの領土の一部を編入。ポーランド分割が行われた。

[誕生日] スタンダール（1783年1月23日－1842年3月23日）

フランスのグルノーブル出身の小説家。ロマン主義・写実主義。代表作は『恋愛論』『赤と黒』『パルムの僧院』など。イタリアをこよなく愛し、墓碑銘は「ミラノ人アッリゴ・ベイレ　書いた　愛した　生きた」。

[誕生日] エドアール・マネ（1832年1月23日－1883年4月30日）

フランスの画家。西洋近代絵画史に大きな足跡を残した。のちに印象派となる画家グループの中心的存在であった。裸体の女性を描いた「草上の昼食」と「オランピア」は、不道徳だとして物議をかもしたことは有名である。

24日

ゴールドラッシュデー（金の日）

1848年のこの日、カリフォルニアの製材所で働くジェームズ・マーシャルが、川底に金の粒を発見。この噂を知った人々が全米から金脈を求めて殺到した。これがゴールドラッシュの始まりで、1849年に急増した採掘者たちは「フォーティナイナーズ」（'49ers）と呼ばれた。

ボーイスカウト創立記念日

1908年のこの日、イギリスの退役軍人、作家のロバート・ベーデン＝パウエル卿が、ロンドンにボーイスカウト英国本部を設置し、最初のボーイスカウトが結成された。

25日

[この日] カノッサの屈辱

聖職者を任命する権利をめぐって神聖ローマ皇帝ハインリヒ4世は、ローマ教皇グレゴリウス7世と対立し、教皇より破門と王位の略奪を宣告された。皇帝は1077年のこの日から3日間、教皇が滞在していたカノッサ城門の前で許しを請うために祈り続け、破門を解かれた。

[誕生日] サマセット・モーム（1874年1月25日-1965年12月16日）
　イギリスの小説家、劇作家。フランスのパリで生まれ、イギリスに渡る。第一次大戦では軍医、諜報部員として従軍。主な作品は『人間の絆』『月と6ペンス』「雨」「赤毛」を収めた短編集『木の葉のそよぎ』など。

26日

オーストラリアの日
　1788年のこの日、最初の植民を目的としたイギリスの艦隊がシドニー湾に到着した。

27日

国際ホロコースト記念日
　ナチス・ドイツにより大量に殺害されたホロコーストを記憶し、憎悪や人種差別、偏見のもつ危険性を人類に警告するために制定された国際デー。2005年11月1日の国連総会で採択された。アウシュヴィッツ＝ビルケナウ強制収容所がソ連軍により解放された日にちなむ。

[誕生日] モーツァルト（1756年1月27日-1791年12月5日）
　ヴォルフガング・アマデウス・モーツァルトは、オーストリアの作曲家、演奏家。ハイドン、ベートーヴェンと並びウィーン古典派三大巨匠の1人。3歳の時にチェンバロを弾きはじめ、5歳の時に作曲を始めたという神童であった。900以上の作品を残し、1791年35歳の若さで死去。

28日

データ・プライバシーの日
　2007年に、データの守秘と保護に関する意識の向上および議論の喚起を目的としてEUで提唱された。2008年よりアメリカ、カナダおよびヨーロッパ27カ国の公的機関や企業が実施。2009年には米国連邦議会の上・下院で、1月28日を「データ・プライバシーデー」とする決議を採択し、正式な記念日となった。

[この日] 上海事変勃発
　上海事変とは、1932年1月28日から3月3日に、中華民国の上海共同租界周辺で起きた日華両軍の衝突のこと。当時上海市には2万7千人近くの日本人居留民がいた。抗日運動が激化し、治安維持に出動した海軍陸戦隊と中国十九路軍と

の間に市街戦が勃発した。

この日 スペースシャトル・チャレンジャー号空中分解事故

1986年のこの日、アメリカのスペースシャトル、チャレンジャー号が打ち上げられたが、73秒後（北米東部標準時午前11時39分）フロリダ州中部沖の大西洋上で空中分解し、7名の乗組員全員が死亡した。生中継で打ち上げが放映されていた中での惨事であった。

29日

この日 アメリカで「野球殿堂」開設

1936年のこの日、アメリカ野球殿堂博物館がニューヨーク州クーパーズタウンに開設。MLBなどで顕著な活躍をした選手や監督など、野球の発展に多大な貢献をした人物の功績を称えるための野球専門の博物館である。最初にベーブ・ルースら5名が殿堂入りした。

誕生日 チェーホフ（1860年1月29日-1904年7月15日）

アントン・パーヴロヴィチ・チェーホフは、ロシアの劇作家、小説家。代表的な作品として、戯曲の『かもめ』（1896年）、『ワーニャ伯父さん』（1899年-1900年）、『桜の園』（1904年）、短編小説の『かわいい女』（1899年）、『犬を連れた奥さん』（1899年）など。

誕生日 ロマン・ロラン（1866年1月29日-1944年12月30日）

フランスの作家。理想主義的ヒューマニズム、反ファシズムの作家として戦争反対を訴え続けた。主な作品は、『ジャン・クリストフ』『ベートーヴェンの生涯』など。1915年にノーベル文学賞を受賞。

30日

この日 ヒトラーがドイツ首相に就任

1933年のこの日、ドイツ国大統領パウル・フォン・ヒンデンブルクは、アドルフ・ヒトラーをワイマール憲法のもと第15代首相に任命し、ヒトラー内閣が成立した。

この日 ベトナム戦争でのテト攻勢

1968年当時、ベトナムでは中国・ソ連の支援を受けた北ベトナム軍および南ベトナム解放民族戦線（いわゆるベトコン）と、アメリカの支援を受けた南ベトナム軍が戦争をしていた。旧正月（テト）には休戦する習しだったが、1968年1月30日のテトに、北ベトナム軍が南ベトナムへの軍事侵攻を展開。これを

テト攻勢という。

[この日] 血の日曜日事件（北アイルランド）

　1972年のこの日、北アイルランドのロンドンデリーにおいて、公判なしの拘禁を認める政策に反対するデモで行進中の市民が、イギリス陸軍落下傘連隊に銃撃され、27名の死傷者がでた。非武装の市民に軍が発砲した事件に対し、のちにイギリス政府は謝罪した。

31日

ナウル共和国独立記念日

　ナウルは太平洋南西部に浮かぶ珊瑚礁の島にある面積21km²の小国。1968年のこの日、イギリス、オーストラリア、ニュージーランドの信託統治から独立し、イギリス連邦内の共和国となった。リン鉱石の採掘で栄えたが、20世紀末にほぼ枯渇。現在は各国の援助に頼っている。

[この日] アメリカ、初の人工衛星打ち上げに成功

　1958年のこの日、アメリカが初の人工衛星エクスプローラ1号の打ち上げに成功。前年ソビエト連邦による人類初の人工衛星スプートニク1号の打ち上げで、アメリカ国内に「スプートニク・ショック」が広がり、アメリカの人工衛星打ち上げが急務となっていた。

[誕生日] フランツ・シューベルト（1797年1月31日-1828年11月19日）

　フランツ・ペーター・シューベルトはオーストリアの作曲家。交響曲、室内楽曲、ピアノ曲、歌曲などさまざまな分野で名曲を残した。中でも600以上の歌曲を作り「歌曲の王」と呼ばれた。1828年、初の自主演奏会で好評を得るが、同年腸チフスにより31歳で生涯を終えた。

【年によって日付が変わる記念日】

　マーティン・ルーサー・キング・デー（アメリカ）：第3月曜日

2月
February

　Februaryの語源は、古代ローマの清めの神 (Februus) に由来する。フェブルウス (Februus) は、古代ローマにおいて、毎年2月に戦死者を慰霊し、戦争の罪を清めるために執り行われた慰霊祭フェブルアーリア (Februalia) の主神である。

　日本で、2月は如月（衣更着）と呼ばれる。語源は、この時期はまだ寒さが残るため、衣をさらに重ね着する「着更着」からきているとする説がある。

2月の花	水仙（別名雪中花）、梅、フリージア
誕生石	アメジスト（理想・理性・誠実・心の平和）

日本の祝祭日・行事 ▶　3日　節分
　　　　　　　　　　4日　立春
　　　　　　　　　11日　建国記念の日（国民の祝日）

1日

アラブ連合共和国建国の日

　1958年のこの日、エジプト共和国とシリア共和国が連合し、アラブ連合共和国が建国された。その後、1961年にシリアが連合を離脱したが、エジプトは1971年までこの国名を使用していた。のちにエジプト・アラブ共和国と変更した。

[この日] 全米で奴隷制の全廃が確立した日

　リンカーン大統領は1865年のこの日、アメリカ合衆国の全ての奴隷を解放するアメリカ合衆国憲法修正第13条に署名した。ここに、奴隷たちの解放は名実ともに確立された。

[この日] スペースシャトル「コロンビア号」爆発事故

　2003年1月16日に打ち上げられたアメリカ合衆国の宇宙船スペースシャトル「コロンビア号」は、ミッションを終え、地球に帰還する直前のこの日、大気圏に再突入する際にテキサス州とルイジアナ州の上空で空中分解し、クルーの7名が全員死亡した。

2日

世界湿地の日

　1971年のこの日、イランのラムサールにおいて、世界の湿地の保全を目的としたラムサール条約が採択された。これは、特に水鳥の生息地として国際的に重要な湿地の保全に関する条約で、この日を記念して毎年2月2日は「世界湿地の日」と定められた。

聖燭祭

　聖燭祭または「主の奉献」の祝日。日本聖公会では被献日と呼ぶ。聖母マリアとナザレのヨセフが生後40日後のイエス・キリストをエルサレム神殿に連れてきて神に捧げたことを祝う。この日がクリスマスシーズンの終わりとして、クリスマスツリー等を燃やす地域もある。

インボルクの祭り

　インボルクとは、ケルト民族の春の訪れを祝う立春の祭り。冬至と春分の中間日となる2月1日または2日に祝う。元々は、ケルト神話の女神ブリギッド（ブリジッド）にまつわる聖なる日。輝くものという意味のブリギッドは、火と豊穣の女神である。

グラウンドホッグデー

アメリカやカナダで催されるグラウンドホッグ（ウッドチャック）を使った春の訪れを予想する行事。グラウンドホッグが2月2日に冬眠から覚めて、巣穴から外に出た時の行動で、春の訪れが近いかどうかを占う。北米各地において、テレビや新聞などで報道されることも多い。

3日

ベトナム共産党設立記念日

1930年のこの日、ホー・チ・ミンがベトナム国内に複数あった急進的社会主義政党をまとめて一本化し、香港でベトナム共産党を創設した。

4人の司祭の日（アメリカ）

1943年のこの日、アメリカの輸送艦ドーチェスターがドイツの魚雷攻撃を受けた。沈みゆく艦上で、4人の従軍司祭は自らの救命胴衣を他の兵士に渡し、彼らが救助艇に乗り込むのを助けた後、戦死した。4人の英雄的行動を称えて、アメリカ連邦議会は「4人の司祭の日」を制定した。

[誕生日] メンデルゾーン（1809年2月3日－1847年11月4日）

フェリックス・メンデルスゾーン（通称）は、ドイツ、ロマン派の作曲家、指揮者。ハンブルクに生まれ、バッハの音楽の復興、ライプツィヒ音楽院の設立で知られ、「ヴァイオリン協奏曲」「イタリア交響曲」「夏の夜の夢」など数々の名曲を残した。

4日

世界対がんデー

国際対がん連合（UICC）は、2000年のパリ憲章で2月4日を「世界対がんの日」として定め、世界保健機構、国際原子力機関などの国際組織の支援を受けて、がんへの意識向上と予防、検出、治療への取り組みを促すための活動を推進している。

スリランカ独立記念日

1948年のこの日、旧宗主国イギリスから自治領（英連邦王国）として独立。独立当初の国名は「セイロン」で、セイロンティーはこの国名に由来している。1972年に国名を"スリランカ共和国"に改称。6年後の1978年には現在の国名「スリランカ民主社会主義共和国」になった。

5日

メキシコ憲法記念日
　1917年のこの日、メキシコで現行の憲法が採択された。1910年に始まったメキシコ革命は、この憲法発布により終息した。

6日

女性器切除の根絶のための国際デー
　2003年にナイジェリアの大統領夫人ステラ・オバサンジョの提案により始まった啓発を目的とした国際デー。アフリカを中心にいまなお行われている女性器切除について、世界の人々に知らしめ根絶を図るために、国際連合人権委員会で採択された。

[この日] イギリスでエリザベス2世が即位
　1952年ジョージ6世の死去に伴い、エリザベス2世が即位した。エリザベス女王の実名は、エリザベス・アレクサンドラ・メアリー。エリザベス2世は合計16ヵ国の君主を兼ねている（2016年現在）。また、在位年数はヴィクトリア女王を抜いて歴代国王の中で最長。

[誕生日] ベーブ・ルース（1895年2月6日-1948年8月16日）
　ジョージ・ハーマン・ルース・ジュニア、通称ベーブ・ルースは、1910年代から30年代にかけて大活躍したアメリカのメジャーリーグの野球選手。「野球の神様」と言われ、シーズン50本以上の本塁打記録を初めて達成した選手でもある。

7日

グレナダ独立記念日
　1974年のこの日、英国領土であったカリブ海の島国グレナダが英国から独立。グレナダはカリブ海の小アンティル諸島南部に位置する立憲君主制国家で、イギリス連邦加盟国の1つである。

8日

[この日]「メンデルの法則」が発表された
　オーストリアの司祭であったグレゴール・ヨハン・メンデルは、植物学の研究を行い、1865年のこの日「メンデルの法則」を発表した。優性の法則・分離の法則・独立の法則の3つからなり、遺伝学誕生のきっかけとなった。メンデル

は遺伝学の祖と呼ばれる。

[この日] アメリカでナスダック（NASDAQ）が取引を開始

　ナスダックは、アメリカの世界最大の新興企業向け株式市場である。1971年のこの日、全米証券業協会（NASD）の主催による世界初の電子株式市場として開設された。

9日

[この日] バレーボールを初めて考案

　1895年、アメリカの体育教師ウィリアム・G・モーガンがバレーボールを考案。テニスをヒントに、だれでも気軽に楽しめるスポーツとして考えられた。最初の試合が行われたマサチューセッツ州ホリーヨーク市には、バレーボールの殿堂が置かれている。

11日

科学における女性と女児の国際デー

　国連は、毎年2月11日を科学における女性と女児の国際デーに定めている。世界各国で科学技術分野を目指す女性たちの教育を応援し、科学分野における男女間の格差をなくすなどの取り組みを推進する日である。

世界病者の日（ルルドの聖母の記念日）

　1984年2月11日（ルルドの聖母の記念日）に、教皇ヨハネ・パウロ2世は使徒的書簡を発表し、翌年医療使徒職評議会を開設。1993年からこの日を、病者や苦しんでいる人への援助のための「世界病者の日」と定めた。この日には毎年教皇のメッセージが発表される。

ラテラノ条約締結記念日（バチカン市国）

　1929年のこの日、ローマ教皇庁がムッソリーニ政権下のイタリア王国と調印したラテラノ条約により、「バチカン市国」が成立。教皇庁のあるバチカン一帯が主権国家として、イタリア政府から政治的に独立した区域となることが認められた。

イラン革命記念日

　1979年のこの日、ルーホッラー・ホメイニーを指導者とする革命軍がモハンマド・レザー・パーレヴィ国王の専制に反対し、政権を奪取した。「イスラム革命記念日」ともいう。

[この日] 南アフリカのマンデラ釈放される

　　南アフリカ共和国で反アパルトヘイト運動に身を投じた、アフリカ民族会議の最高指導者ネルソン・マンデラは、政治犯として27年間投獄されたが、1990年のこの日釈放された。1994年、南アフリカ初の全人種参加の選挙が実施され、マンデラは大統領に就任した。

[誕生日] トーマス・エジソン（1847年2月11日-1931年10月18日）

　　アメリカの発明家、起業家。生涯で1300もの発明を行った偉大な発明家として知られている。電球や蓄音機、活動写真などの発明のみならず、現ゼネラル・エレクトリック社の前身であるエジソン・ゼネラル・エレクトリックを設立し、電力システムの開発・事業化につくした。

12日

ペニシリン記念日

　　英国のアレキサンダー・フレミングは抗生物質ペニシリンを発見した。13年後の1941年2月12日、オックスフォード大学附属病院でハワード・フローリーとエルンスト・チェーンが初めてペニシリンの臨床実験に成功。のちに2人はノーベル生理学・医学賞を受賞した。

[この日] 清最後の皇帝愛新覚羅溥儀退位

　　1912年のこの日、辛亥革命により清朝第12代、最後の皇帝である宣統帝（愛新覚羅溥儀）が退位し、清が滅亡。古来より続いた君主制の終焉を迎えた。

[誕生日] エイブラハム・リンカーン（1809年2月12日-1865年4月15日）

　　アメリカの第16代ア大統領。奴隷制に反対し、南北戦争では北軍を率いて勝利に導いた。歴代大統領の中で、「最も偉大な大統領」の1人と評されることが多い。

[誕生日] チャールズ・ダーウィン（1809年2月12日-1882年4月19日）

　　イギリスの生物学者、地質学者。イギリス海軍の測量船ビーグル号に乗船し、ガラパゴス諸島での観察から、すべての生物種が共通祖先から長い時間をかけて自然淘汰により進化したとする「進化論」の着想を得たといわれている。1859年に『種の起源』を著わした。

13日

世界ラジオデー

　　1946年のこの日に国連ラジオ放送が開始されたことを記念して、ユネス

コ（国際連合教育科学文化機関）は、この日を「世界ラジオデー」と制定。世界の多くの国と地域でさまざまな記念イベントが行われている。

14日

バレンタインデー

　ローマ時代の2月14日は豊年祈願のルペルカリア祭の前日であり、家庭と結婚の神ユノの祝日であった。ローマ皇帝クラウディウス2世は、ローマでの兵士の結婚を禁じていたが、キリスト教司祭のウァレンティヌス（バレンタイン）が秘密に兵士を結婚させた。それで司祭は捕えられ、2月14日に祭りの生贄として処刑されたという。そのことから、この日は恋人たちの日となったといわれている。

15日

カナダ国旗の日

　1965年のこの日は、カナダの国旗制定を記念した日。国旗にはカナダを代表する木、サトウカエデが描かれている。この木の樹液からメープルシロップが採れることでも知られている。

16日

リトアニア国家再建記念日

　1918年のこの日、ロシア帝国領であったリトアニアが、ポーランド・リトアニア分割によって独立を宣言。

18日

冥王星の日

　1930年のこの日は、天文学者クライド・トンボーがアメリカのローウェル天文台で冥王星を発見した。冥王星は、2006年までは太陽系第9惑星とされていたが、現在は冥王星型天体の準惑星に区分されている。

[この日] 元スコットランド女王、メアリー処刑される

　1587年2月18日（グレゴリオ暦）、かねてより自らが正当なイングランド王位継承権者であると主張していた元スコットランド女王メアリーが、イングランド女王エリザベス1世の暗殺計画バビントン事件に加担したとして、処刑された。

[誕生日] オノ・ヨーコ（1933年2月18日-）

　日本名は小野洋子。アメリカの前衛芸術家、音楽家。1953年に父の赴任先ニューヨークに家族と移り住む。1969年、ビートルズのジョン・レノンと結婚。レノンとともに「愛と平和」をテーマに数々の独創的な創作活動を行い、世界中の注目を集める。ビートルズ解散の要因をつくった張本人との意見もあったが、ジョージとポールは否定している。

19日

[この日] エジソンが蓄音機の特許取得

　1878年のこの日、トーマス・エジソンがレコードプレーヤー（フォノグラフ）の特許を取得した。

[誕生日] ニコラウス・コペルニクス（1473年2月19日-1543年5月24日）

　ポーランドの天文学者、カトリック司祭。当時カトリック教会公認の世界観であった地球中心説（天動説）に対し、これをくつがえす太陽中心説（地動説）を唱えた。また、悪貨は良貨を駆逐するという法則を理論化した。のちに「グレシャムの法則」として知られるようになった。

20日

世界社会正義の日

　2007年の国連総会決議で、貧困の撲滅、労働者の権利促進、公平な社会の実現を目的に制定された国際デー。2009年から実施され、啓発活動が行われている。

[この日] マーキュリー計画で初の有人地球周回飛行成功

　マーキュリー計画（1959から1963年実施）は、アメリカ初の有人宇宙飛行計画。1962年のこの日、有人宇宙船「マーキュリー・アトラス6号」（フレンドシップ7）による初の地球周回飛行に成功した。

21日

国際母語デー

　1999年に国際連合教育科学文化機関（ユネスコ）が制定した国際デーの1つで、言語と文化の多様性、多言語の使用、すべての母語の尊重を提唱。1952年2月21日、バングラデシュでベンガル語を公用語として認めるよう訴えたデモ隊に軍隊が発砲。4人の犠牲者が出たことにちなむ。バングラデ

シュでは、この日は「言語運動記念日」。

22日

ワールドシンキングデー
　ガールスカウトが国や地域を超えて感謝と友情を表し、行動を起こす日。ボーイスカウトとガールスカウトの創始者ロバート・ベーデン＝パウエルとその妻オレブの誕生日にちなみ、1999年の第30回世界会議で、この日をワールドシンキングデーとすることが定められた。

[この日] ガリレオ・ガリレイが『天文対話』（日本での題名）刊行
　地動説を擁護したガリレオは、太陽黒点の動きや金星の満ち欠けの発見、木星の4衛星の発見や振り子の等時性、落体の法則の発見などの業績から近代科学の創始者の1人といわれている。1632年のこの日、地動説を解説した『天文対話』（原題『二大世界体系についての対話』）をフィレンツェで刊行した。

[誕生日] ジョージ・ワシントン（1732年2月22日－1799年12月14日）
　軍人、政治家、農場主。初代アメリカ合衆国大統領。アメリカ独立戦争では大陸軍総司令官を務めた。「アメリカ合衆国建国の父」と呼ばれる。建国200年目の1976年には、議会からアメリカ軍序列最高位のアメリカ合衆国陸軍大元帥の地位を贈られ、この地位は永久とされた。

23日

ロータリー設立記念日
　1905年のこの日、アメリカのシカゴで弁護士ポール・ハリスと友人3人が、相互扶助クラブの最初の会合を開き、これがのちのロータリークラブに発展した。現在ではクラブは世界に3万4千以上あるといわれ、時間、資金、職業人としての経験と知識を生かして、地域や国際的なネットワークでの奉仕活動を続けている。

祖国防衛の日（ロシア）
　1918年のこの日、ソ連の赤軍がドイツ帝国軍に勝利した。当初は赤軍の日であったが、ソ連崩壊後の1991年から現在の名称となった。

ガイアナ共和国記念日
　英連邦王国の1国として独立していたギニアが、1970年のこの日、共和制移行を宣言し、国名もガイアナ協同共和国と変更した。

24日

クロスカントリーの日
　クロスカントリー競走は、長距離走で原野や森林を駆ける陸上競技の一種。1877年のこの日、統一ルールによる初めてのクロスカントリー大会がイギリスで開催された。

　[誕生日] ヴィルヘルム・カール・グリム（1786年2月24日-1859年12月16日）
　　ドイツの文学者、言語学者、童話や伝承の収集家。グリム兄弟の弟であり、兄とともにグリム童話の編集に力をつくした。

エストニア独立記念日
　1918年のこの日、エストニアがロシア・ソビエト連邦社会主義共和国からの独立を宣言した。

25日

エドゥサ革命記念日（フィリピン）
　1986年のこの日、革命のシンボルとなっていた故アキノの妻コラソン・アキノが、マルコス亡命後の大統領に就任した。マニラのエドゥサ通りには、マルコス政権に抗議する100万人の群衆が集まったといわれる。

　[この日] カシアス・クレイ世界ヘビー級王者になる
　　1964年のこの日、カシアス・クレイ（のちのモハメド・アリ）が世界ヘビー級王者ソニー・リストンを7回TKOで倒し、新王者になる。

　[誕生日] ピエール＝オーギュスト・ルノワール（1841年2月25日-1919年12月3日）
　　フランスの印象派の画家。1970年代にモネ、ピサロ、シスレーらとともに、のちに印象派と呼ばれるグループに参加していた。風景画、花などの静物画も残しているが、特に晩年の豊満な裸婦像などの人物画に、独自の境地を開いたとされる。

26日

解放記念日（クウェート）
　1991年のこの日、湾岸戦争でイラクのフセイン大統領が、クウェートに侵攻していた軍を撤退させることをラジオで表明した。

　[この日] ナポレオンのエルバ島脱出
　　1814年、反フランス連合国軍に敗れたナポレオンは皇帝を退位し、エルバ島に流された。その間にブルボン王朝が復活するが国民の不興を買っていた。

1815年のこの日、ナポレオンはエルバ島を脱出し、カンヌ近郊に上陸。政府は軍を差し向けるが、逆にナポレオンに帰順した。パリ入城を果たしたナポレオンは皇帝に復帰した。

[この日] ニューヨーク世界貿易センタービル爆破事件

　1993年のこの日、ニューヨークの世界貿易センタービルの地下駐車場で爆弾を積んだ車が爆発した。犯行はイスラム原理主義過激派、国際反米テロ組織アルカイダ（オサマ・ビンラディン）らが関与したとされている。

[この日] タリバンがバーミヤンの大仏破壊宣言

　アフガニスタン中央部に位置するユネスコの世界遺産「バーミヤン渓谷の文化的景観と古代遺跡群」に対し、タリバンが2001年のこの日、イスラムの偶像崇拝禁止の規定に反するとして、遺跡の破壊を宣言。3月12日に2体の大仏（磨崖仏）が爆破された。

27日

ドミニカ共和国独立記念日

　1844年のこの日、ドミニカ共和国がハイチから分離独立した。ドミニカ共和国は、大アンティーリャ諸島にあるイスパニョーラ島の東側に位置する。島の3分の2をドミニカ共和国が占め、ハイチ共和国と島を分かちあっている。

[この日] チリ地震発生

　1960年現地時間の5月22日15時11分14秒に、チリ中部の都市バルディビア近海を震源とした地震が発生した。モーメントマグニチュード（Mw）で推定9.5、日本の気象庁震度階級で震度6相当とされ、世界最大級の地震である。

[誕生日] ミシェル・エケム・ド・モンテーニュ（1533年2月28日-1592年9月13日）

　ルネサンス期のフランスの哲学者。主著『エセー』は、37歳で高等法院判事を引退し隠遁生活をおくる中で書き上げた。人間・人生・生死についての深い洞察・探求がなされた名著で、世界中で読み継がれてきた。

29日

世界希少・難治性疾患の日（通称RDD）

　希少疾患とは、人口10万人に対する患者数が表されるような、患者数の希少な難病・疾患の総称である。2008年2月29日、希少疾患・難治性疾患の啓発を目的として、スウェーデンで世界初のRDDが開催された。2月29

日は、うるう年のみにある"希少"な日であるため、この日が記念日とされた。(うるう年でない年は28日に開催)

[誕生日] ジョアキーノ・ロッシーニ(792年2月29日−1868年11月13日)
　　　イタリアの作曲家。『セビリアの理髪師』『チェネレントラ(シンデレラ)』『ウィリアム・テル』などの作曲で知られる。

【年によって日付が変わる記念日】

ワシントン誕生日：第3月曜日
　　　アメリカ合衆国の連邦祝日。初代大統領ワシントンの誕生を祝福する記念日であるが、現在は2月の第3月曜日に設定されている。祝日の日付は2月15日から21日までのいずれかとなり、実際の誕生日2月22日とは重ならない。

黒人歴史月間
　　　黒人歴史月間は、アフリカ系アメリカ人の民族的ルーツを見直し、彼らがアメリカの歴史に残したさまざまな功績を評価するなど、人種偏見の是正のために制定された年間行事。イギリスでも10月に制定されている。

3月
March

　Marchの語源は、ローマの軍神（Mars）の月を意味するMartiusに由来する。

　日本で、旧暦3月を弥生(やよい)と呼ぶ。新暦3月の別名でもある。語源は、この季節は春の陽光に草木がいよいよ生い茂る月「木草弥や生ひ月」(きくさいやおいづき)からきているとする説がある。

| 3月の花 | 桜、すみれ、スイートピー、チューリップ、ムスカリー |
| 誕生石 | アクアマリン（勇敢・聡明）
サンゴ（確実な成長・長寿） |

日本の祝祭日 ▶ 21日ごろ　春分の日

1日

エイズ差別ゼロの日

　2013年12月1日に、オーストラリアのメルボルンで開かれた国連合同エイズ計画（UNAIDS）の世界エイズデー式典で、3月1日を「エイズ差別ゼロの日」とすることが発表された。この日は、多様性の尊重、差別の拒否のための記念日となっている。

三一節（韓国）

　1919年のこの日に日本統治時代の朝鮮で起こった、日本からの独立運動（三・一独立運動）を記念する韓国の祝日である。三・一独立運動は、独立万歳運動、万歳事件ともいわれる。

ビキニデー

　1954年3月1日に太平洋のビキニ環礁でアメリカが水爆実験を行い、日本の遠洋マグロ漁船・第五福竜丸が被曝した。この事件にちなんで、この日に世界各地で反核集会等が行われる。

独立記念日（ボスニア・ヘルツェゴビナ）

　1992年のこの日、ボスニア・ヘルツェゴビナがユーゴスラビアからの独立を宣言した。ボスニア・ヘルツェゴビナは、東ヨーロッパのバルカン半島北西部にある共和制国家。クロアチア人およびボシュニャク人主体のボスニア・ヘルツェゴビナ連邦と、セルビア人主体のスルプスカ共和国の2つの構成体によってなる連邦国家である。

豚の日

　1972年のこの日、アメリカ・テキサス州の教師エレン・スタンリーとノースカロライナ州のメアリー・リン・レイブの姉妹が、賢い動物である豚に敬意を表すために、家族でお祝いをしていたことから始まった。

2日

[誕生日] カレン・カーペンター（1950年3月2日-1983年2月4日）

　カーペンターズのヴォーカリスト、ドラマー。天性の美しい声で世界中のファンを魅了した。晩年に過食症と拒食症を繰り返していたことは知られており、摂食障害の危険性を社会的に認知させるきっかけになった。

3日

世界野生生物の日

　2013年12月の国連総会で、環境保全上のみならず経済的、文化的にも重要な野生動植物に対する意識を高め、保護の取り組みを強化するために、3月3日を「世界野生生物の日」として、国際デーに制定した。

民族解放記念日（ブルガリア）

　1878年のこの日、ブルガリアはオスマン帝国から独立して、自治公国（大ブルガリア公国）となった。

[誕生日] アレクサンダー・グラハム・ベル（1847年3月3日-1922年8月2日）

　スコットランド出身。アメリカの発明家、物理学者。電話機を発明したことで知られている。アメリカ最大手の電話会社のAT&T社を設立。

5日

[この日] チャーチル英首相が「鉄のカーテン」の演説を行う

　英国首相退任後のウィンストン・チャーチルが、1946年のこの日、アメリカのトルーマン大統領に招かれてミズーリ州のウェストミンスター大学で演説を行い、その中で当時の東西両陣営の緊張状態を「鉄のカーテン」と表現。以来、冷戦状態を象徴する代名詞となった。

6日

ガーナ独立記念日

　ガーナ共和国は、西アフリカに位置する共和制国家で、イギリス連邦加盟国である。1957年のこの日にイギリスから独立したガーナは、サハラ以南のアフリカで、初めてヨーロッパの宗主国から独立を果たした。

7日

[この日] キャプテン・クックがハワイ・カウアイ島に上陸

　1778年のこの日、クックはカウアイ島に上陸。ハワイ諸島を最初に訪れた最初のヨーロッパ人となった。クックは当時の英国海軍大臣でクックの支援者であったサンドウィッチ伯爵の名から、ハワイ諸島を「サンドウィッチ諸島」と名付けた。

[この日] ベルが電話機の特許権を取得

　1876年のこの日に、アレクサンダー・グラハム・ベルが電話機の特許権を取

得。同じ日にシカゴのイライシャ・グレイも電話機の特許を出願したが、わずかにベルに遅れたために申請は却下された。

8日

国際女性デー

　1904年のこの日、ニューヨークで婦人参政権を求めて女性労働者がデモをしたことがきっかけとなり、ドイツの社会主義者クララ・ツェトキンが1910年の国際社会主義者会議で、「女性の政治的自由と平等のためにたたかう記念の日」とするよう提唱したことに始まる。国連は1975年（国際婦人年）の3月8日以来この日を「国際婦人デー」と定めている。

[この日] ニューヨーク証券取引所が発足

　1817年のこの日、ニューヨーク証券取引所が発足した。世界最大の、そして世界で最も上場審査が厳しいといわれている証券取引所である。

[誕生日] ミケランジェロ（1475年3月6日 - 1564年2月18日）

　正式名はミケランジェロ・ディ・ロドヴィーコ・ブオナローティ・シモーニ。イタリアのルネサンス期の画家、彫刻家、建築家、詩人。西洋美術史上最も大きな影響を与えた最高の芸術家の1人。代表的な作品として「ダヴィデ像」「ピエタ」「最後の審判」「アダムの創造」など。

9日

[この日] ロシア・ソビエト連邦の首都がモスクワになる

　1918年のこの日、ロシア・ソビエト社会主義連邦共和国、通称ロシア共和国（ロシア連邦共和国）が首都をレニングラード（サンクトペテルブルク）からモスクワに遷都した。

[この日] アメリカでニューディール政策の基本法が議会で成立

　1933年のこの日から、フランクリン・ルーズヴェルト大統領は、世界恐慌対策のために招集した「百日議会」と呼ばれる特別議会において、ニューディール政策実施のための、失業者救済策や景気回復策など10以上の法律を成立させた。

11日

[この日] パンダ発見の日

　1869年のこの日、中国で伝道中のフランス人神父アルマン・ダヴィドが、四

川省の民家で白と黒の熊の毛皮を見せられた。初めて西洋人がパンダ（ジャイアント・パンダ）のことを知るきっかけとなった。

12日

独立記念日（モーリシャス）

　1968年のこの日、モーリシャスがイギリスから独立した。モーリシャスはインド洋のマスカレン諸島に位置する共和国。イギリス連邦加盟国である。

世界反サイバー検閲デー

　2009年に、国境なき記者団とアムネスティ・インターナショナルが、制定した。この日にネット検閲を行っている国や企業に対し、ネット検閲に抗議し、中止するよう要請している。

植樹節（中国、中華民国）

　孫中山（孫文）の逝去した3月12日を逝世記念日とし、この日に植樹や造林活動を行う。1979年に全国人民代表大会で決定。孫文は辛亥革命を起こし、中華民国、中華人民共和国の両国で「中国革命の父」「国父」と尊敬される政治家。中国では、孫文よりも孫中山の名称が一般的。

13日

[この日] 天王星の発見

　1781年のこの日、イギリスの天文学者サー・フレデリック・ウィリアム・ハーシェルが天王星を発見。ほかにも彼は、土星の衛星の発見、天王星の衛星の発見、天の川の構造の研究、赤外線放射の発見など、天文学における多大な業績を残している。

14日

円周率の日

　円周率の3.141592…の最初の3桁にちなんで、3月14日を円周率の日として祝う。2009年には、アメリカ下院議会でこの日を「全米円周率の日」とする決議案が採択された。円周率がπ（パイ）であることから、パイを食べて祝う人もいる。

ホワイトデー

　バレンタインデーにチョコレートをもらった男性が、お返しにキャンデー

やホワイトチョコレートを贈る日とされている。ホワイトデーは日本で生まれた記念日で、欧米にこの習慣はないが、近年中国や韓国、台湾など東アジアにも浸透している。

誕生日 アインシュタイン（1879年3月14日-1955年4月18日）
　20世紀最大の物理学者ともいわれる。ドイツに生まれたユダヤ人。特殊相対性理論と一般相対性理論はあまりにも有名。光量子仮説にもとづく光電効果の理論的解明によって、1921年のノーベル物理学賞を受賞した。

15日

世界消費者権利デー
　1983年、国際消費者機構が世界の消費者運動を祝福し連帯する記念日の制定を提唱した。1962年のこの日、ジョン・F・ケネディ（アメリカ合衆国大統領）が「消費者の利益の保護に関するアメリカ合衆国連邦議会への特別教書」を発表したことにちなんでいる。

16日

この日 初のFAカップ決勝戦
　1872年のこの日、イギリスのケニントン・オーヴァル会場でサッカー大会・FAカップの第1回大会の決勝戦が行われ、ワンダラーズが優勝した。

17日

聖パトリックの祝日
　聖パトリックはアイルランドにキリスト教を広めた聖人で、この日は聖パトリックの命日。カトリックの祭日であり、アイルランド共和国の祝祭日である。アメリカではニューヨークで巨大パレードが行われるなど、アイルランド系移民の多い地域で盛大に祝われる。緑色の衣服を身に着けて祝う「緑の日」とも呼ばれる。

18日

この日 ソ連飛行士が人類初の宇宙遊泳
　1965年3月18日に打ち上げられたソ連の有人宇宙船ボスホート2号の飛行士アレクセイ・レオノフが、宇宙船から離れて人類初の船外活動を行う。

19日

バレンシアの火祭り（スペイン）

　3月15日から19日に、スペイン・バレンシアにおいて開催される守護聖人サン・ジョゼップ（サン・ホセ）の祝日を、ファジェス（ファジャス）という。スペインの三大祭りの1つ。日本ではバレンシアの火祭りとして知られる。

20日

国際幸福デー

　国民総幸福量（GNH）は、資本主義的経済価値である国民総生産（GNP）よりも重要である、とするブータンの提案により、2012年に国連は3月20日を「国際幸福デー」とすることを採択した。旧来の幸せのかたちだけでなく、ほんとうの幸せとはなにか、を考える日でもある。

[この日] 米英軍のイラク攻撃

　2003年のこの日、アメリカを中心とするイギリス、オーストラリア、ポーランドなどの有志連合による「イラクの自由作戦」が開始され、イラク侵攻が始まる。2011年12月14日、オバマ大統領のイラク戦争終結宣言により終結した。

21日

国際人種差別撤廃デー

　1960年のこの日、南アフリカのシャープビルでの人種隔離政策（アパルトヘイト）に反対するデモ行進に向かって警官隊が発砲し、69人が死亡した。これは「シャープビル虐殺事件と呼ばれ、この事件がきっかけとなって、1966年の国連総会で人種差別撤廃のための記念日（国際デー）が制定された。

世界詩歌記念日

　1999年国際連合のユネスコが、3月21日を詩歌に関する文芸活動の増進のために記念日を制定した。

国際ノウルーズ・デー

　3月21日はイラン歴の元日で正月（ノウルーズ）。イランを中心に中央アジアからアフリカにまで及ぶ広地域でノウルーズの祝祭が祝われる。2010年2月23日に、国連総会はこの日を「国際ノウルーズ・デー」として承認した。ノウルーズは、宗教や国境を越えてさまざまな民族の団結、世界における人

間的価値の拡大を促進させる日とされる。

世界ダウン症の日

　ダウン症のある人たちとその家族、支援者への理解が深まり、ダウン症のある人たちがその人らしく安心して暮らせるように、世界ダウン症連合が2004年に制定した。2012年から国際連合が国際デーとして認定。通常21番染色体は2本だがダウン症の人は3本あることから、3月21日となった。

国際森林デー

　世界では森林の減少が続いており、地球温暖化による森林への重大な影響も懸念されている中、森林や樹木、自然環境の重要性を啓発するために、2015年12月21日、国連は毎年3月21日を「国際森林デー」とすることを決議した。

　[誕生日] ヨハン・ゼバスティアン・バッハ（1685年3月21日−1750年7月28日）

　　18世紀のドイツの作曲家、音楽家。バロック音楽の大家であり、鍵盤楽器の演奏家としても高名。声楽から器楽まで千以上の曲を残し、西洋音楽の基礎を構築したことで「音楽の父」「大バッハ」と称される。略してJ・S・バッハとも呼ばれる。

22日

世界水の日

　1992年ブラジルのリオデジャネイロで開催された地球サミットで提案され、1993年の国際連合総会で、3月22日を水や水資源の持続可能な開発に関連する取り組みのための記念日として制定。国際デーの1つ。

23日

世界気象デー

　1950年3月23日に世界気象機関が発足し、発足10周年を記念して1960年に国際デーの1つとして制定された。世界気象機関は、国際連合の専門機関の1つで、気象事業の国際的な標準化と改善・調整、各加盟国間における気象情報や資料の効率的な交換などを推進している。

24日

世界結核デー

　1882年3月24日にロベルト・コッホが結核菌を発見したことにちなみ、

1997年に世界保健機関がこの日を「世界結核デー」と制定。
著しい人権侵害に関する真実に対する権利と犠牲者の尊厳のための国際人権デー（国際デー）

25日

奴隷および大西洋間奴隷貿易犠牲者追悼国際デー
　2007年の国連総会で制定された奴隷制の犠牲者を追悼する国際デー。4世紀以上の間、約1500万人のアフリカ人が故郷から大西洋を渡ってアメリカへ強制連行されたといわれている。今も奴隷制は、強制労働や人身取引、性的搾取など形を変えて残っており、奴隷制の犠牲者を悼むとともに現代的な奴隷制の終焉が求められている。

拘留中または行方不明のスタッフと連帯する国際デー
　1985年のこの日、ベイルートで国連情報センターのスタッフとジャーナリストが誘拐されたことにちなんで制定された国際デーの1つ。いまなお各地で拘留中であったり、行方不明になっている国連職員を称えるとともに、早期の解放を求めている。

26日

独立記念日（バングラデシュ）
　1971年のこの日、東パキスタンがバングラデシュとして、パキスタンから分離独立。バングラデシュ人民共和国、通称バングラデシュはイスラム教徒主体の国で、イギリス連邦加盟国である。

27日

世界演劇の日
　ユネスコの外郭団体である国際演劇協会（ITI）が制定した記念日。1962年のこの日、ITIが第1回シアター・オブ・ネイションズ（諸国民演劇祭）をパリで開催したことにちなんでいる。

28日

この日 アメリカ・スリーマイル島の原子力発電所事故

　1979年のこの日、アメリカ・ペンシルベニア州のスリーマイル島原子力発電所で炉心溶融（メルトダウン）事故が起こった。国際原子力事象評価尺度（INES）においてレベル5の事例である。

30日

この日 クリミア戦争が終結

　イギリス同盟軍、フランス、オーストリア、オスマン帝国、プロイセン、サルデーニャ王国とロシアが、1853年からドナウ川周辺やクリミア半島で繰り広げたクリミア戦争が、1856年のこの日、パリ条約締結により終結した。

この日 アメリカのアラスカ購入

　1867年のこの日、アメリカの国務長官ウィリアム・スワードが、ロシア帝国からアラスカを720万ドルで購入する条約に調印した。これは1エーカー（4,047㎡）当たり2セントの安さであったが、当時は「スワードが巨大な保冷庫を購入した」と批判をあびた。

31日

誕生日 デカルト（1596年3月31日-1650年2月11日）

　フランス生まれの哲学者、数学者。「近代哲学の祖」と称えられる。自著『方法序説』の中で提唱した「我思う、ゆえに我あり」は哲学史上もっとも有名な命題の1つといわれている。

【国際週間】

　世界異教徒間の講和週間（第1週）

　人種差別と闘う人々との連帯週間（3月21日〜3月27日）

【年によって日付が変わる記念日】

　春節

　中国では古代から旧暦（大陰暦）が基準であったが、1911年に清王朝が倒れ、辛亥革命が成立してからは、新暦＝グレゴリオ暦（太陽暦）が使われるようになった。1949年には、中国の記念日とそれに伴う国民の休日を統一することが決められ、グレゴリオ暦（太陽暦）の採用が決定された。グレゴリオ暦の1月1

日を元旦とし、春節については旧暦の1月1日からとし、休暇は3日間となった。
（旧暦は太陽暦よりもおよそ1カ月ほど遅れることになる）

世界腎臓デー：第2木曜日

　世界腎臓デーは、腎臓病の早期発見と治療の重要性を啓発する国際的な取り組みとして、国際腎臓学会と腎臓財団国際協会によって共同で提案され、毎年3月のこの日に実施することが定められた。世界腎臓デーには世界の100カ国以上の国々で、さまざまな啓発キャンペーンが開催される。（公式ホームページ:http://www.worldkidneyday.org/）

4月
April

　Aprilの語源は、アフロディーテを表すラテン語のAprilisに由来するといわれている。

　日本で、旧暦4月を卯月（うづき）と呼ぶ。うの花が咲く月「うの花月」から卯月と呼ばれるようになったという説がある。

|4月の花| 忘れな草、かすみ草
|誕生石| ダイヤモンド（永遠の絆・純潔・不屈）
　　　　水晶（統合・純粋・調和・強化）

日本の祝祭日 ▶ 29日　昭和の日

1日

エイプリルフール

　この日には嘘をついてもよいという風習。16世紀のフランスのシャルル9世による暦法の改正に反発した人々が、4月1日を「嘘の新年」として祝うようになったことが始まりという説がある。

[この日] アップルコンピュータ社設立

　1976年4月1日にアップルコンピュータ社が、スティーブ・ジョブズとスティーブ・ウォズニアック、ロン・ウェインにより設立される。2007年1月9日に、現在のアップル社に改称された。

2日

世界自閉症啓発デー

　2007年12月18日に国際連合は、毎年4月2日を自閉症の啓発を目的とした記念日として制定。2010年には、自閉症支援団体により、世界各地のランドマークを青くライトアップする「ライト・イット・アップ・ブルー」のイベントが開催された。

国際こどもの本の日

　国際児童評議会（IBBY）は、童話作家アンデルセンの誕生日である4月2日を「国際こどもの本の日」と定め、1967年から毎年国際児童評議会加盟国がポスターとメッセージや物語を作成し、世界のこどもたちに届けている。国際児童評議会のウェブサイトでは、だれでもポスターやメッセージを閲覧できる。

[この日] フォークランド紛争始まる

　1982年のこの日、アルゼンチン軍が英領フォークランド諸島（マルビナス諸島）を占領し、フォークランド紛争が始まった。アルゼンチンでは、4月2日を戦没者を追悼する「マルビナスの日」として制定。

4日

地雷に関する啓発および地雷除去支援のための国際デー

　国連は2006年より4月4日を、「地雷に関する啓発および地雷除去支援のための国際デー」と制定。戦後も残る地雷や爆発物がこどもをはじめ多くの人々の命を脅かしており、対人地雷への理解と関心を深め、地雷除去の支援を呼びかける日となっている。

ピアノ調律の日

国際ピアノ製造技師調律師協会（IAPBT）が1993年に制定した記念日。4月の英語Aprilの頭文字のAと、調律に使う音の名前Aが同じで、Aの周波数が440Hzであることにちなんで、4月4日がピアノ調律の日となった。

[この日] マーティン・ルーサー・キング・ジュニア牧師暗殺される

アフリカ系アメリカ人、公民権運動の指導者。プロテスタントバプテスト派の牧師。徹底した非暴力主義を貫いた平和活動家。人種差別の撤廃と人種を超えた共和の理想を唱えた「I Have a Dream」（私には夢がある）の一節が入った演説は名高い。メンフィス市で凶弾に倒れた。

5日

植木日（韓国）

1910年のこの日、李朝皇帝の純宗が自らの手で植樹を行ったことにちなんで、毎年4月5日を「植木日」として制定し、この日に木を植えるように定めた。

6日

開発と平和のためのスポーツの国際デー

国連総会は、2013年に近代オリンピックが1896年4月6日に初めて開催されたことにちなみ、この日を「開発と平和のためのスポーツの国際デー」と定めた。スポーツにより世界の平和や開発が促進され、人々の寛容と相互理解が育まれるとして、スポーツを通した支援活動を推進している。

[この日] ピアリー北極点初到達

1909年のこの日、アメリカ人の探検家ロバート・ピアリーら6名が北極点に到達した。ただ、のちの詳しい測量によれば、ピアリーの到達したのは北極89度57分（北極点は90度）で、北極点から約6kmの地点であったという。

7日

世界保健デー

世界保健機関（WHO）が設立された1948年4月7日を記念して、「世界保健デー」が定められた。世界保健デーのテーマは毎年変わり、その時々に各国が協調して重点的に取り組むべき健康課題が選ばれ、その啓発活動が世界的に展開される。

ルワンダにおけるジェノサイトを考える国際デー

1994年4月6日に発生したルワンダのフツ過激派によるツチとフツ穏健派への大量虐殺（ジェノサイト）で、ルワンダ愛国戦線がルワンダを制圧しルワンダ紛争が終結するまでの100日間に、およそ50万人から100万人の人々が殺害されたとされる。4月6日はルワンダ虐殺を想起し、犠牲者の追悼とジェノサイト防止を呼びかける日となっている。

[誕生日] ジャッキー・チェン（1954年4月7日-）

香港出身の映画俳優。コメディの要素を取り入れたカンフー映画で、アジア圏のみならず、ハリウッド映画でも絶大な人気を誇る。出演映画で自らがアクションスタントを行うことでも有名。

8日

[この日] ミロのヴィーナスが発見される

1820年のこの日、オスマン帝国統治下のエーゲ海のメロス島で、島の農夫が「ミロのヴィーナス」を発見。それをトルコの官吏にみつかり没収された。その後フランス大使がトルコ政府から買い上げ、ルイ18世に献上された。ルイ18世はルーブル美術館に寄付し、現在に至っている。

10日

[この日] ビートルズ解散

ポール・マッカートニーは、1970年4月10日にイギリスの大衆紙『デイリー・ミラー』に掲載されたインタビューで、ビートルズからの脱退を発表。その後、ロンドン高等裁判所にビートルズのパートナーシップ解消を求める訴えを起こす。1971年3月12日、裁判所はポールの訴えを認め、他の3名は上告を断念。ビートルズの解散が法的に確定した。

11日

[この日] アインシュタインが「ラッセル＝アインシュタイン宣言」に署名

米ソの水爆実験競争が加速していた1955年7月9日、ロンドンにおいて、イギリスの哲学者のバートランド・ラッセル卿と、アメリカの物理学者アインシュタイン博士を中心とした科学者11名の連名で、核兵器廃絶・科学技術の平和利用を訴えた「ラッセル＝アインシュタイン宣言」が発表された。11名の科学者のうち、10名までがノーベル賞受賞者であった。

12日

国際有人宇宙飛行デー

　ソ連が1961年のこの日、人類初の有人宇宙飛行となった宇宙衛星船「ボストーク1号」の打ち上げに成功したことを記念して制定された。

[この日] アメリカで南北戦争が始まる

　南北戦争は、奴隷制の存続を主張し合衆国を脱退したアメリカ南部11州からなるアメリカ連合国と、合衆国にとどまった北部23州との間で争われた。1861年のこの日、南軍が北軍のサムター要塞を攻撃したことが端緒となり、アメリカ南北戦争が開戦した。

14日

ブラックデー（韓国）

　日本で生まれたホワイトデーの習慣は、今では韓国や台湾にも広まっている。韓国には、バレンタインデーやホワイトデーに贈り物をもらえなかった人、恋人ができなかった人たちのためのブラックデーの催しがある。この日は黒い服を着て集まり、麺に黒いあんをかけたチャジャン麺やコーヒーなどの黒い色の食べ物を飲食する日である。

[この日] タイタニック号沈没

　1912年のこの日、豪華客船タイタニック号が初の航海中に、ニューファントランド島沖で氷山と衝突。翌日に沈没した。

[この日] アメリカ合衆国大統領リンカーン狙撃される

　1865年のこの日、アメリカ合衆国大統領エイブラハム・リンカーンが、ワシントンのフォード劇場で妻と観劇中のところを、南部連合の信奉者であったブースに撃たれ、翌4月15日に死亡した。

15日

太陽節（朝鮮民主主義人民共和国）

　太陽節は、朝鮮民主主義人民共和国の祝日の1つで、初代最高指導者であった金日成主席の誕生日を記念したもの。

[誕生日] レオナルド・ダ・ヴィンチ（1452年4月15日-1519年5月2日）

　ルネサンス期を代表するイタリアの偉大な芸術家。画家としてだけでなく、建築家、科学者としても功績を残した万能人。ルネサンス期の芸術家の評伝を書いたヴァザーリは、レオナルドを「ずば抜けた肉体美」「強靭な精神力と大い

なる寛容さ」の持ち主であると評し、あらゆる面で人を魅了する人物だったことを記している。

16日

[誕生日] チャールズ・チャップリン（1889年4月16日-1977年12月25日）

　イギリス出身の映画俳優、映画監督、作曲家。多くの傑作コメディ映画を作り、「喜劇王」と呼ばれた。1952年に赤狩りを進めるアメリカと決別し、スイスに移り住む。1972年にアカデミー賞名誉賞に選ばれ、授賞式出席のため20年ぶりにアメリカの地を踏む。エリザベス2世よりナイトの称号を受ける。

18日

世界アマチュア無線の日

　1925年4月18日に、国際アマチュア無線連合（IARU）の結成総会がパリ大学で行われたことを記念して、1973年にこの日を「世界アマチュア無線の日」と定めた。

19日

[この日] アメリカ独立戦争開戦

　1775年のこの日、ボストン市北西のコンコードで英軍と米植民地兵が武力衝突し、レキシントン・コンコードの戦いが起こる。この戦いにより、アメリカ独立戦争開戦の火ぶたがきられた。

[この日] 初のボストンマラソン開催

　アメリカの3州で、アメリカ独立戦争が開戦した4月19日を「愛国者の日」と定めた。それを記念して1897年のこの日、第1回ボストンマラソンが開催された。現在でも、「愛国者の日」（4月第3月曜日）に、ボストンマラソンが行われる。

22日

国際マザーアースデー（国際母なる地球デー）

　アメリカ、ウィスコンシン州選出のゲイロード・ネルソン上院議員は、1970年4月22日に環境問題についての討論集会開催を呼びかけ、当時スタンフォード大学大学院生だったデニス・ヘイズが、集会を統括し成功に導いた。その後、この運動は全世界に広まり、環境問題についての関心が高ま

るきっかけとなった。2009年の国連総会で、4月22日を「国際マザーアースデー」（国際母なる地球デー）とすることが定められ、翌2010年から実施されている。

誕生日 イマヌエル・カント（1724年4月22日-1804年2月12日）

　ドイツの哲学者、思想家。『純粋理性批判』『実践理性批判』『判断力批判』の3批判書を発表。特に『純粋理性批判』は、西洋哲学における最も重要な哲学書の1つといわれている。生涯独身で規則正しい生活を送った。決まった時間に散歩に出かけ、それがあまりに正確だったので、人々はカントの姿を見て時計を合わせたといわれている。

誕生日 ウラジーミル・イリイチ・レーニン（1870年4月22日-1924年1月21日）

　ロシアの革命家、政治家。幼少時神童と呼ばれるほど優秀で、抜群の成績でペテルブルグ大学を卒業。学生時代から革命運動に参加し、1917年ボリシェセビキを率いて十月革命を成功させ、世界初の社会主義政権を樹立。ソビエト連邦およびソ連共産党の初代最高指導者となった。

23日

世界図書・著作権デー

　読書、出版、著作権（知的財産権）保護の促進を目的とした国際デーで、1995年のユネスコ（国際連合教育科学文化機関）の総会で制定され、1996年より実施されている。「本の日」とも呼ばれ、この日は世界各地で書籍とその作者に敬意を表し、読書の楽しみを伝えるさまざまなイベントが開催されている。

サン・ジョルディの日（ゲオルギオスの日）

　キリストの聖人ゲオルギオスが殉教した命日に祝われる聖名祝日。各言語表記の違いで「サン・ジョルディの日」「聖ジョージの日」などと呼ばれる。スペインのカタルーニャでは、「サン・ジョルディの日」に、親しい人に本を贈る習慣があったことから、スペインからの提案にもとづき「世界図書・著作権デー」がユネスコで制定された。ゲオルギオスはローマの軍人でドラゴン退治の伝承で知られる。危急の際にその名を呼ぶと難を救ってくれるとされる聖人（救難聖人）として崇敬を受けている。

誕生日 シェークスピア（1564年4月23日〈洗礼26日〉-1616年4月23日）

　イギリスの劇作家、詩人。裕福な商人の長男として生まれるが家が没落。1592年ごろにはロンドンに進出、座付き作者として37編の戯曲と154編のソ

ネットを書く。4大悲劇の『ハムレット』『リア王』『マクベス』『オセロ』のほか、『ロミオとジュリエット』『ベニスの商人』など、ルネサンス文学の最高峰といわれる傑作を残した。

25日

世界マラリアデー

全世界でマラリアの蔓延の防止に向けた努力がなされており、世界各国の取り組みを互いに認識する機会として「世界マラリアデー」が制定されている。2013年の国連事務総長のメッセージによれば、現在もアフリカを中心とした後発開発途上国において、1分に1人のこどもがマラリアで命を落としているといわれている。

国際デオキシリボ核酸（DNA）の日

1953年4月25日、ジェームズ・ワトソン、フランシス・クリック、モーリス・ウィルキンス、ロザリンド・フランクリンと同僚らが、学術雑誌『ネイチャー』に、デオキシリボ核酸（DNA）の構造を論文として発表したことにちなんだ記念日。国際デーの1つ。

アンザックデー（オーストラリア、ニュージーランド）

第一次世界大戦中の1915年4月25日、オーストラリア・ニュージーランド連合軍（ANZAC）が、トルコが占領していたガリポリで勇敢に戦ったことを記念して、1969年にアンザックの日が制定された。この日は第一次世界大戦だけでなく、すべての戦争で国のために力をつくした軍人たちを称え、犠牲者の追悼を行う。

26日

世界知的財産デー

知的財産の果たす役割への理解の促進と、発明者や芸術家の社会への貢献を記念する目的で、世界知的所有権機関（WIPO）が2000年に制定した。WIPOは、知的財産権保護の国際的な推進活動を行うとともに、知的財産権に関する条約、国際登録業務の管理・運営を行う国際連合の専門機関である。

[この日] チェルノブイリ原発事故

1986年4月26日モスクワ時間1時23分、ソビエト連邦（現ウクライナ）のチェルノブイリ原子力発電所4号炉で、炉心が融解、爆発した。爆発により大気

中に放出された放射性物質の量は推定で約10トン、14エクサベクレルに及ぶ。国際原子力機関の記録によれば、広島市に投下された原子爆弾の放出量の400倍とされる。放射性降下物は、ウクライナ、白ロシア、ロシアを汚染し、近隣諸国のスウェーデンや日本でも放射性物質が検出された。

27日

秘書の日(セクレタリーズデー)

1952年、全米秘書協会が4月の最終週の水曜日を「秘書の日」と定めた。この日は、職場の上司が自分の秘書や部下たちに日ごろの感謝を込めて、花束やケーキなどをプレゼントする習慣がある。最近では「専門事務職の日」とも呼ばれている。

自由の日(南アフリカ)

南アフリカ共和国の国民休日。1994年のこの日に、アパルトヘイト撤廃後、初の全人種が参加する総選挙が行われたことを記念して制定された。

[この日] ソクラテスの刑死

アテナイの哲学者ソクラテスは、対話による「無知の知」を自覚することを説いたが市民に理解されず、時の権力者により死刑判決が下りて、紀元前399年4月27日に獄中で毒杯をあおって刑死した。弟子たちは脱獄を勧めたがソクラテスは「悪法も法だ」と刑を受け入れた。ソクラテスの刑死の日にちなんで、日本ではこの日を「哲学の日」としている。また、ソクラテスの妻クサンティッペが悪妻として有名であったことから、「悪妻の日」ともされている。

28日

労働安全衛生世界デー

1914年のこの日に、カナダで「包括的労働者補償法」が成立したことを記念して、1984年にカナダ地方公務員組合がこの日を「労災犠牲者追悼の日」と定めた。1991年にカナダ議会が国の追悼の日の1つと定めたことに始まり、他の国にも拡大。1996年に国際労働組合総連合(ITUC)が国際的な記念日とした。2002年には国際労働機関(ILO)により国連の国際デーの1つになった。2003年に名称を「労働安全衛生世界デー」に変更した。

29日

化学兵器による全ての犠牲者を追悼する日

国連の制定する国際デーの1つ。

国際ダンスデー

ユネスコの下部組織「International Dance Council」が1982年に制定した国際デー。この日は、より多くの人がダンスに親しむ機会がもてるように、世界中でダンスの催しが行われる。バレエ芸術の先駆者であるフランスの舞踏家ジャン＝ジョルジュ・ノヴェールの誕生日（1727年4月29日）にあたる。

30日

国際ジャズデー

国際ジャズデーは、米国の発案で2011年にユネスコにより創設された。ジャズは人々をつなぎ、文化の違いを越えたコミュニケーションを促す力があり、そうしたジャズの歴史とジャズのバイタリティーを称える日。毎年行われるジャズデーの主宰は、ユネスコのイリナ・ボコバ事務局長と、異文化間対話担当ユネスコ大使で「セロニアス・モンク・ジャズ研究所」の理事長であるジャズピアニスト・作曲家のハービー・ハンコックが務める。

[この日] アドルフ・ヒトラー自殺

1945年、戦局が悪化してベルリンの陥落が間近に迫った4月30日、アドルフ・ヒトラーは前日結婚したエヴァ・ブラウンとともに、ベルリン内の総統地下壕内で自殺した。

[この日] ベトナム戦争終結

1975年のこの日、南ベトナムの首都サイゴンに南ベトナム解放民族戦線が突入、ベトナム共和国（南ベトナム）のズオン・バン・ミン大統領が無条件降伏を発表。このサイゴン陥落により、1960年より開始され約15年続いたベトナム戦争が終結した。

【国際週間】

グローバル土壌週間：19日～23日

世界予防接種週間：24日～30日

【年によって日付が変わる記念日】

愛国者の日（アメリカ合衆国のマサチューセッツ州、メーン州、ウィスコンシン州の3州において制定）：第3月曜日

5月
May

　Mayの語源は、ラテン語のMaius（マイア　Maia）。豊穣をつかさどる大地の女神マイアに由来している。
　日本で、5月は皐月と呼ぶ。早苗月が変化して「さつき」と呼ぶようになったという説がある。

| 5月の花 | カーネーション、菖蒲 |
| 誕生石 | エメラルド　（幸運・幸福・愛・清廉・健康・安定） |

日本の祝祭日 ▶ 3日　憲法記念日
　　　　　　　　4日　みどりの日
　　　　　　　　5日　こどもの日

1日

メーデー

　世界各地で5月1日に行われる労働者の祭典。国際デー。ヨーロッパ各地では、本来メーデーは夏の到来を祝う五月祭のことであった。祭りでは労働者も使用人もともに休み、祭りを祝うことから、やがて今日の「労働者の日」と形を変えたといわれている。アメリカやカナダ、オーストラリアなど、独自のレーバーデー（労働者の日）を定めている国もある。

[この日] グレートブリテン王国の成立

　ステュアート朝アン女王の治世の1707年に、イングランド王国とスコットランド王国の合同法が成立。それまでの同君連合からさらに進んで、アン女王を君主とする「グレートブリテン王国」として、グレートブリテン島全体を支配することとなった。

[この日] イギリスで世界初の切手が発行される

　1840年のこの日、イギリスで郵便切手が発行された。この時に切手の導入をはじめ、料金の前納制、重量制、全国均一料金といった今日の郵便制度の基となる近代郵便制度が始まった。最初の切手の図柄はヴィクトリア女王の肖像画で、1ペニー切手が黒色の印刷だったため「ペニー・ブラック」と呼ばれた。その後赤色の「ペニー・レッド」に変更。切手にミシン目はなく必要枚数をハサミで切って使っていた。

3日

世界報道自由デー

　1993年12月20日の国連総会で定められた国際デー。この日はユネスコや世界新聞協会などによる報道の自由の啓蒙、促進のためののさまざまなイベントが開催される。その一環として、ジャーナリズムや表現の自由に関して世界的に活躍する人を表彰する「ギョレモ・カノ世界報道自由賞」の授与も行われる。

4日

国際消防士の日

　消防士の守護聖人であるフロリアヌスの聖名祝日の5月4日にちなみ、この日が「国際消防士の日」となっている。聖フロリアヌス十字は、消防団などの紋章として広く採用されている。

[この日] サッチャーがイギリス初の女性首相に就任

　1979年のこの日、保守党のマーガレット・サッチャーが、イギリスで初の女性の首相となる。任期は1979年から1990年で、その強硬な政治姿勢から「鉄の女」と呼ばれた。

[誕生日] オードリー・ヘップバーン（1929年5月4日-1993年1月20日）

　イギリス人でアメリカの女優。ハリウッド黄金期を代表する女優で、ベスト・ドレッサーとしても有名。代表作は「ローマの休日」「マイ・フェア・レディ」「ティファニーで朝食を」など。

5日

国際助産師の日

　1990年「国際助産師連盟国際評議会」が日本で開催されたことを機に、5月5日を「国際助産師の日」として制定。1992年から実施されている。国際助産師連盟は、1954年に設立された助産師の組織。母親、乳児、家族へのケア向上のために、助産師教育や啓発活動、助産師の国際倫理要綱作成などを行っている。世界67の国と地域、81協会が所属している。

解放記念日（オランダ、デンマーク）

　1945年のこの日に、オランダとデンマーク両国がドイツ軍の占領から解放されたことを記念して定められた。

6日

国際ノーダイエットデー

　イギリスのフェミニストのメリー・エヴァンス・ヤングが、ダイエットへのプレッシャーがあるような社会の風潮に対し、ダイエットによる健康への影響を訴える日として、ノーダイエットデーを提唱した。

[この日] エッフェル塔初公開

　1889年のこの日、フランス革命100周年を記念して開催された第4回パリ万国博覧会が開幕し、博覧会のために建造されたエッフェル塔が公開された。

[この日] ヒンデンブルク号爆発事故

　1937年のこの日、アメリカのニュージャージー州レイクハースト海軍飛行場でドイツの硬式飛行船ヒンデンブルク号が爆発・炎上した。乗員・乗客35名と地上の作業員1名が死亡。この事故で、大型硬式飛行船の安全性に疑問がもたれ、これ以降建造が行われなくなった。

[誕生日] ジークムント・フロイト（1856年5月6日-1939年9月23日）

　オーストリアの精神分析学者、精神科医。チェコで生まれたユダヤ人。神経症の治療に、自由連想法の採用という画期的方法によって、症状の隠された意味を探る精神分析の創始者。主な著書は『夢判断』『精神分析入門』など。

7日

世界エイズ孤児デー

　2002年にニューヨークで開催された国連こども特別総会で、エイズ孤児問題への意識を高めることを目的として、毎年5月7日を「世界エイズ孤児デー」と制定した。エイズ孤児とは、両親もしくは片親をエイズ（HIV）で亡くした18歳未満のこどものことである。

[誕生日] ヨハネス・ブラームス（1833年5月7日-1897年4月3日）

　ドイツのハンブルグに生まれる。作曲家、ピアニスト、指揮者。ブラームス（Johannes Brahms）、J.S.バッハ（Bach）、ベートーヴェン（Beethoven）は、ドイツ音楽の「三大B」と称される。ベートーヴェンの後継者と評されることも多い。主な作品は、『交響曲第1番』『交響曲第3番』『ヴァイオリン協奏曲ニ長調』『ブラームスの子守歌』など。

[誕生日] ピョートル・チャイコフスキー（1840年5月7日-1893年11月6日）

　ロシアの作曲家。抒情、哀愁、情熱の横溢する旋律で広く知られている。ロシアの民族的伝統と西欧の近代音楽を融合させ、ロシア音楽を普遍的に高めた作曲家として評価されている。作品は多岐にわたり、『ヴァイオリン協奏曲ニ長調作品35』『交響曲第6番「悲愴」』、バレエ組曲の『白鳥の湖』『眠れる森の美女』『くるみ割り人形』などが有名。

8日

世界赤十字デー

　1948年にストックホルムで開催された、第20回赤十字社連盟理事会で定められた。赤十字社の創設者アンリ・デュナンの誕生日が5月8日であることから、この日が「世界赤十字デー」となった。

第二次世界大戦で命を失った人たちのための追悼と和解のための時間

　2004年の国連総会にて制定。「第二次世界大戦中に命を失った全ての人に追悼を捧げる日」ともいう。5月8日、9日のいずれか、または両日に第二次世界大戦で命を失った人々全てに追悼を捧げるよう、すべての人に向けて呼

びかけている。

ヨーロッパデー

ヨーロッパにおいて平和と統合を祝う日。欧州評議会が定めた5月5日と、欧州連合が定めた5月9日の2つのヨーロッパデーがある。

ヨーロッパ戦勝記念日・VE（Victory in Europe）デー

1945年のこの日に、ドイツが第二次世界大戦の降伏文書に調印した。翌8日をもって、ヨーロッパにおける全ての戦闘が停止し、連合国がヨーロッパにおいて勝利したことを記念する日。VE（Victory in Europe）デーとも呼ばれる。

[この日] コカ・コーラが発売される

1886年アメリカのジョージア州アトランタの薬剤師ジョン・ペンバートンが、薬用酒としてコカ・コーラを売り出した日。

[この日] ジャンヌ・ダルク率いるフランス軍のオルレアンを開放

1429年のこの日、百年戦争において、ジャンヌ・ダルク率いるフランス軍が、包囲されていたオルレアンに赴き、イギリス軍を撃破。オルレアン市を解放した。

9日

世界渡り鳥の日

国連環境計画（UNEP）の国際野生生物条約（「移動性野生動物の種の保全に関する条約」および「アフリカ・ユーラシア渡り性水鳥保全協定」）が主催する記念日。2006年より始まり、世界規模で渡り鳥とその生息地を守るためのキャンペーンが行われる。

12日

ナイチンゲールデー

イギリスの看護師で「近代看護学の母」とも称されるフローレンス・ナイチンゲールは、クリミア戦争での負傷兵への献身的看護で知られている。宗教系ではない看護学校として、世界初のナイチンゲール看護学校を設立した。彼女の誕生日を記念して、ナイチンゲールデーが制定された。

国際看護師の日

1962年、国際看護師協会（ICN）がナイチンゲールの誕生日にちなんで制定。日本では、当初「国際看護婦の日」と呼んでいたが、2002年に看護婦

の呼称が看護師に変更されたため、「国際看護師の日」と改称。

14日

ローズデー・イエローデー（韓国）

　韓国では、2月14日のバレンタインデー、3月14日のホワイトデー、4月14日のブラックデーを経て、この日までにカップルになったら恋人たちは互いにバラの花束を贈り合う、という「ローズデー」がつくられた。一方「イエローデー」は、ブラックデーを経ても恋人ができなかった男性は、この日に黄色い服を着て、黄色い食べ物のカレーを食べる。そうしないと恋人ができないとされる。

[この日] **ジェンナーが世界初の種痘を行う**

　1796年のこの日にイギリスの医師エドワード・ジェンナーが、8歳の少年に安全な牛痘法による天然痘の予防接種を行った。

[この日] **イスラエルの建国宣言で第一次中東戦争が始まる**

　1948年のこの日、イスラエルが建国を宣言した。同日、アラブ連盟5カ国（レバノン、シリア、トランスヨルダン、イラク、エジプト）がイスラエルへの戦争を宣言。第一次中東戦争が始まる。パレスチナ戦争ともいう。

[誕生日] **ジョージ・ルーカス**（1944年5月14日-）

　アメリカの映画監督、映画プロデューサー、脚本家。カリフォルニアのモデストに生まれ、南カリフォルニア大学で映画を学ぶ。『スター・ウォーズ』シリーズや『インディ・ジョーンズ』シリーズなどの大ヒット作で世界的な人気を博している。

15日

国際家族デー

　1993年9月に開催された国連総会で制定された国際デーの1つ。家族の問題について理解を深めるとともに、解決に向けての行動を促すための日。

[この日] **ケプラーの法則の発見**

　1618年のこの日、天文学者ヨハネス・ケプラーが惑星の運動に関するケプラーの法則の第3法則を発見した。この法則は「惑星の公転周期の2乗は、軌道の長半径の3乗に比例する」というもの。ケプラーの法則は、当時の主流であった天動説に対する地動説の優位を決定づけた。

17日

世界電気通信および情報社会の日

　1865年のこの日に、国際電気通信連合の前身である万国電信連合が設立されたことにちなみ、国際電気通信連合が1973年に「世界電気通信の日」として制定した。さらに、2005年の世界情報通信サミットにおいて、5月17日を「世界情報社会の日」とすることが決議された。2006年には、2つの国際デーをあわせて「世界電気通信および情報社会の日」とすることが決定した。

世界血圧デー

　2005年のこの日に、国際高血圧学会の一部門である世界高血圧リーグ（WHL）により制定された。高血圧およびその管理に関する啓発を目的としている。

国際反ホモフォビアの日

　1990年のこの日に、世界保健機関（WHO）の国際障害疾病分類（略称）から「同性愛」を除外することが決議されたことを記念して、2005年に創設された。この日には、世界約50ヵ国で同性愛に対する偏見・嫌悪（ホモフォビア）に反対するためのイベントや行事などが開催される。2009年にはトランスフォビア（性同一性障害・異性装者などのトランスジェンダーに対する嫌悪）に対する反対が付け加えられ、「国際反ホモフォビア・トランスフォビアの日」と改められた。

18日

国際親善デー

　1899年のこの日に、オランダのハーグで第1回万国平和会議（ハーグ平和会議）が開催されたことを記念して制定された。第1回会議は、ロシア帝国皇帝ニコライ2世の提唱により26ヵ国が参加して開催され、戦闘外におかれた者の保護を目的とした「ハーグ陸戦条約」や「国際紛争平和的処理条約」などが締結された。

国際博物館の日

　国際博物館会議（ICOM）が1977年に制定。1978年から実施されている。

[誕生日] バートランド・ラッセル（1872年5月18日-1970年2月2日）

　イギリスの数学者、哲学者。貴族の家に生まれ、イギリス首相を務めたジョン・ラッセル伯を祖父にもつ。『数学原理』により数理哲学・記号論理

学に貢献、現代数学史に確固たる足跡を残した。反戦・平和運動にも傾注し、核兵器禁止を求めた「ラッセル=アインシュタイン宣言」は、その後の核廃絶運動の基となった。1950年にノーベル文学賞受賞。

19日

[この日] 清教徒革命によりイングランド共和国誕生

　　1642年から始まった議会派と国王派の内乱である清教徒革命において、クロムウェル率いる議会軍が勝利し、国王が処刑された。1649年のこの日、イングランドが共和制を宣言。イングランド共和国が成立した。

20日

世界計量記念日

　　1875年のこの日に、度量衡の国際的な統一を目的としてメートル法に関する条約が締結された。これにちなんで、条約締結125周年の記念として5月20日を世界計量記念日に制定。2000年から実施している。

[誕生日] バルザック（1799年5月20日-1850年8月18日）

　　フランスを代表する小説家。写実主義文学の祖、自然主義文学の先駆とされる。長短90余りの小説からなる『人間喜劇』は、フランス社会のあらゆる階層の人々を詳細に観察し描いたもの。その中に、『ウージェニー=グランデ』『ゴリオ爺さん』『従妹ベット』『谷間の百合』などの名作が揃っている。

21日

対話と発展のための世界文化多様性デー

　　2002年の国連総会で、文化の多様性を保護し、文明間の対話の拡大を図ることで人類の発展を願って制定された。

[この日] リンドバーグが単独で大西洋横断飛行に成功

　　1927年5月20日、史上初の大西洋横断飛行のため、チャールズ・リンドバーグはスピリット・オブ・セントルイス号に乗りニューヨークを出発。翌21日にパリに着陸した。約5千800kmを33時間32分かけて飛行した。著書『翼よ、あれがパリの灯だ』を出版。ピュリッツァー賞受賞。

[誕生日] デューラー（1471年5月21日-1528年4月6日）

　　ドイツの画家・版画家。北方ルネサンス期を代表する巨匠である。各地を遍歴し修行したのち、ルネサンス盛期のイタリアを訪れ、ラファエロやレオナル

ド・ダ・ヴィンチとも交流。代表作は、『自画像』『四人の使徒』『聖三位一体』『アダムとエヴァ』『東方三賢王の礼拝』『犀』など。版画の傑作も多い。

22日

国際生物多様性の日

現在、世界中で生物の多様性が失われつつあり、それにまつわる諸問題に対する人々の認知を広めるために、国際連合が制定した記念日。国際デーの1つである。

[この日] 第1回ラグビー・ワールドカップ開催

ニュージーランドとオーストラリアの共催による第1回ラグビーワールドカップが、1987年5月22日から6月20日まで開催された。参加国は、日本も含め16カ国。

[この日] チリ地震

1960年のこの日、チリ中部ビオビオ州からアイセン州北部にかけてのバルディビア近海で、長さが1000km、幅200kmの領域を震源域とする超巨大地震が発生した。観測史上で最大級の規模の地震で、日本を含めた環太平洋全域に津波が発生した。

[誕生日] ヴィルヘルム・リヒャルト・ワーグナー（1813年5月22日-1883年2月13日）

19世紀ドイツのロマン派歌劇の頂点を示した作曲家、指揮者。歌劇を総合芸術の意味で「楽劇」と呼び、ほとんどの自作歌劇の台本を単独で執筆し作曲を進めた。主なオペラと楽劇は『さまよえるオランダ人』『タンホイザー』『ローエングリーン』『ニーベルングの指環』『ニュルンベルクのマイスタージンガー』『トリスタンとイゾルデ』など。

23日

産科瘻孔をなくすための国際デー

国連は2013年から5月23日を、「産科瘻孔をなくすための国際デー」と定めて対策を進めている。産科瘻孔（さんかろうこう　フィスチュラ）とは、医療の助けがないまま出産に挑み、出産トラブルにより出産後に下肢障害を引き起こすことをいう。通常、赤ん坊も死産に終わる。アフリカの開発途上国などでは、今もフィスチュラによる身体的・社会的苦痛に苦しんでいる女性たちが少なくない。

24日

コモンウェルスデー（イギリス）

　1819年5月24日はヴィクトリア女王の誕生日。ヴィクトリア女王の治世は、大英帝国として最も国が栄えた時代であることから、女王の誕生日を記念して祝日としている。

25日

アフリカデー（アフリカ解放の日）

　1963年5月25日に、アフリカ統一機構が創設されたことを記念して制定された。

タップダンスの日（アメリカ）

　この日は「タップの神様」と呼ばれたビル・ボージャングル・ロビンソンの誕生日にあたる。彼は、アメリカ映画史の初期に活躍した黒人俳優。「タップダンスの日」は、1988年9月にアメリカ議会に提出され、1989年11月にブッシュ大統領が署名した法律により、正式に決まった。

29日

国連平和維持要員の国際デー

　2002年の国連総会で採択された国際デーの1つ。国連平和維持活動（PKO）にかかわった全ての人々の献身と勇気を称えるとともに、PKOで命を失った人々を追悼する日。

エベレスト登頂記念日

　1953年5月29日、ニュージーランドのエドモンド・ヒラリーとシェルパ族のテンジン・ノルゲイが、世界で初めて世界最高峰のエベレストの登頂に成功したことにちなんだ記念日。

31日

世界禁煙デー

　世界保健機関（WHO）が1987年に決議した禁煙を推進するための記念日で、国際デーの1つ。1989年以降5月31日を「世界禁煙デー」としている。

【国際週間】

国連世界交通安全週間：5月4日〜10日
国連が提唱する世界的な交通安全キャンペーンが展開される。

非自治地域人民との連帯週間：5月25日〜31日
1972年の国連総会で、「南アフリカ、ギニアビサウとカーボベルデの自由、独立と平等権の為に闘う植民地人民との連帯週間」として制定。その後1999年12月6日の国連総会で、現在の「非自治地域人民との連帯週間」に改称。国際週間の1つ。

【年によって日付が変わる記念日】

カルチャー・フリーダム・デー：第3土曜日
フリーカルチャー運動とは、他者が自由に利用、研究、配布できて、他作品を改善することができる芸術の製作・利用を促進するための活動。フリーカルチャー運動の父で知られるローレンス・レッシグが最初に提唱したとされる。

母の日：第2日曜日
日ごろの母の愛情に感謝をささげる日。

世界ぜんそくデー：第1火曜日
ぜんそくに関する自覚を高め、この病気の治療と管理の改善に向けた患者と医師双方への注意喚起を図るために、世界の多くの国々で活動が繰り広げられている。

世界フェアトレード・デー：第2土曜日
フェアトレード（公平貿易）とは、発展途上国で作られた作物や製品を適正な価格で継続的に取引することで、生産者の持続的な生活向上を支える仕組みのこと。5月第2土曜日の「世界フェアトレード・デー」は、世界中でフェアトレードをアピールする日。加盟する世界75ヵ国、約450団体のフェアトレード組織と生産者組織を中心に、各国でイベントやキャンペーンが同時開催される。

6月
June

　Juneの語源は、ローマ神話の主神であるJuppiter（ユピテル－ジュピター）の妻Juno（ユノ－ジュノー）に由来する。ユノは最高位の女神であり、結婚生活の守護神である。そのため、6月に結婚式を挙げる花嫁を「ジューン・ブライド（6月の花嫁）」と呼び、この月に結婚をすると幸せになれるという言い伝えがある。
　日本で、6月は水無月（みなづき）と呼ぶ。田植えが終わって田んぼに水を張る月「水張月（みずはりつき）」、「水月（みなづき）」に由来しているという説がある。

| 6月の花 | ばら、グラジオラス、あじさい |
| 誕生石 | パール（純粋無垢・健康・長寿）
ムーンストーン（愛の予感・純粋な愛）
アレキサンドライト（秘めた思い） |

1日

世界牛乳の日（World Milk Day）

　ミルクがこどもの発育にもたらす優れた価値に対する認知度を高め、酪農・乳業の仕事を多くの人々に知ってもらうことを目的として、国連食糧農業機関（FAO）が6月1日を「世界牛乳の日」とすることを提唱した。

国際こどもの日

　こどもの権利を尊重し、成長を祝うことなどを目的として、多くの国で記念日が設けられている。1925年ジュネーブの「こどもの福祉世界会議」において、6月1日を「国際こどもの日」とすることを定めた。ほかにも、国連が制定した11月20日の「世界こどもの日」もある。

国際親の日（国際デー）

　国連が定めた国連デーの1つ。

ウェーサク（VESAK）の日

　ウェーサクは、ベサック、ヴェサックなどと表記されることもある。ウェーサクの日は、仏陀の誕生とその悟りも祝い、仏陀の入滅も記念する日。仏陀の誕生の日、悟りを開いた日、入滅の日が全てインド歴第2月の第1満月の夜（陰暦の5月）だったといわれており、ウェーサクは、スリランカにおけるシンハラ語のインド暦第2月の名前である。グレゴリオ暦では4月から5月頃の満月にあたる。1999年12月15日の国連の決議以来、年に1度「ウェーサクの日」には、世界の仏教徒が国連に集まり、人種・国境・宗派を超えて仏陀の記念日を祝う式典が行われる。

マリリン・モンローの日

　マリリン・モンローは、1926年6月1日に誕生した。ロサンゼルス市とハリウッド商工会議所は、マリリン・モンローの誕生日にちなんで、この日を記念日と定めた。

4日

侵略による罪のない幼児犠牲者の国際デー

　1982年、パレスチナ問題に関する国連緊急特別総会において、イスラエルの侵略行為で、パレスチナとレバノンの幼児に多数の犠牲が報告されたことを契機に、6月4日を「侵略による罪のない幼児犠牲者の国際デー」と制定した。

5日

世界環境デー

　1972年6月5日からスウェーデンのストックホルムで開催された「国連人間環境会議」を記念して、同年12月15日に日本とセネガルの共同提案により、6月5日を「世界環境デー」とすることが国連総会で決まった。6月の1カ月間は環境月間として、環境保全への関心を高め、啓発活動を推進する目的で、各地で環境セミナーなどが行われる。

[誕生日] アダム・スミス（1723年6月5日洗礼日-1790年7月17日）

　イギリス（グレートブリテン王国）の経済学者、社会学者。スコットランド生まれ。「経済学の父」と称される。主著『国富論』（『諸国民の富』）で、富の本質は日常的消費物資にあり、労働こそが富の源泉であるとして労働価値説を強化、産業革命の理論的基礎を与えた。また、経済人の利己的行動は「神の見えざる手によって企図しない結果に導かれる」とした。誕生前に父を亡くし、母と友人と書物を「三楽」として生涯独身で過ごした。収入の多くを慈善事業に捧げ、死の直前に未完の論文を焼却させたという。

[誕生日] ケインズ（1883年6月5日-1946年4月21日）

　イギリスの経済学者。ケンブリッジで経済学者の子に生まれた。ケンブリッジ大学数学科を卒業後、大蔵省などを経て母校の経済学教授となった。主著『雇用、利子および貨幣の一般理論』の発表により、多くの経済学者に衝撃を与え「ケインズ革命」といわれた。それは公共事業など国家財政の出動による有効需要の原理を基に、完全雇用の実現のしくみを論証するものであった。ケインズの提唱した理論を基にした経済学を「ケインズ経済学」と呼ぶ。アメリカのニューディール政策の指導理論ともなった。

6日

顕忠日（韓国）

　1956年に、大韓民国における戦没者追悼のための「顕忠記念日」が制定された。1965年から毎年6月6日には、国立ソウル顕忠院で追悼行事が行われている。

[この日] 連合国軍、ノルマンディーに上陸開始

　第二次世界大戦中の1944年のこの日、ドイツ占領下のフランスのコタンタン半島のノルマンディ海岸に、連合国軍がドーバー海峡を渡り上陸。200万人近い兵士が参加した史上最大規模の作戦であった。この作戦成功がヨーロッパ戦線

の転機をもたらし、連合国側の勝利につながった。

7日

誕生日 ポール・ゴーギャン（1848年6月7日−1903年5月8日）

　フランスの画家。姓はゴーガンとも表記。パリに生まれ、南米ペルーのリマで幼少期を過ごす。帰国後船員を経て株式仲介人となる。仕事は順調で、趣味として絵を描いていたが、1883年に退職して画業に専念。1888年に南フランスのアルルでゴッホと共同生活を始めるが、ゴッホが精神を病んだため、決別。タヒチ島、ドミニカ島に移り住み、貧困、孤独のうちに亡くなる。生前にはほとんど評価されなかったが、強烈な色彩による独特の作品世界は近代絵画に大きな影響を与えた。

8日

世界海洋デー

　1992年6月8日に、リオデジャネイロで開かれた地球サミットで、カナダの提案により「世界海洋デー」が制定された。その後、2009年より国連が国際デーとして定め、実施している。

誕生日 シューマン（1810年6月8日−1856年7月29日）

　ドイツのロマン派を代表する作曲家であり、音楽評論にも功績がある。ベートーヴェンやシューベルトの音楽のロマン的後継者とされる。交響曲から歌曲、合唱曲まで幅広い分野で作品を残した。主な作品は、ピアノ曲『謝肉祭』『子供の情景』、歌曲『流浪の民』『詩人の恋』、交響曲第1番『春』など。恩師ヴィークの娘で優れたピアニストでもあったクララと結婚したが、師との軋轢をうみ、心の病が進行した。ライン川に投身自殺を図るが救助される。その後、収容先の精神病院でクララに看取られて死亡。

11日

カメハメハデー（アメリカ、ハワイ州）

　1810年のこの日、カメハメハ1世がハワイ諸島全島を統一したことを記念して作られた記念日。

12日

児童労働に反対する世界デー

　2002年国際労働機関において、児童労働の撤廃を世界に呼びかける日として制定された。この日には、毎年世界各地でさまざまな活動が展開されている。

恋人の日（ブラジル）

　ブラジルでは、縁結びの聖人とされる聖サン・アントニオの命日に聖アントニオ祭が行われ、その前日にあたる6月12日に、恋人同士で自分の写真を入れたフォトフレームを贈り合う習慣がある。

13日

国際アルビニズム（白皮症）啓発デー

　2014年11月18日、国連総会は6月13日を「国際アルビニズム（白皮症）啓発デー」とした。アルビニズムの人々は、先天的に体毛や皮膚が白いなどの身体的特徴があり、そのことで今もなお差別や偏見の対象となったり、安全な暮らしや命の危険にさらされている。この国際デーは、アルビニズムの人々に対する差別や偏見をなくし、白皮症への理解を高めることを目的に設けられたものである。

14日

世界献血デー

　この日は、ABO式血液型を発見した生物学者カール・ラントシュタイナーの誕生日（1863年6月14日）にあたる。2004年に、国際赤十字・赤新月社連盟、世界献血団体連盟、国際輸血学会は、カール・ラントシュタイナーの誕生日にちなんで、この日を「世界献血デー」に制定した。

フラッグデー（アメリカ）

　1777年のこの日、アメリカ合衆国において「星条旗」が正式にアメリカ合衆国の国旗と定められた。それまで使われていた旗にはイギリスの国旗が入っていたため、独立戦争時に国民の士気低下を招いてはいけないと、ワシントンらがフィラデルフィアの旗づくり職人ベッツイ・ロスに制作を依頼して完成した。星条旗の白線と赤線の13本の横縞は独立時の13の入植地を表し、星は現時点の州の数（現在は50）を表す。新たに州が連邦に加わるたびに星の数が増え、次の独立記念日に国旗が変更されるため、星条旗は世界

で最も変更回数の多い国旗となっている。第28代大統領ウィルソンが「フラッグデー」を国民の祝日とした。

キスデー（韓国）

韓国の記念日。2月14日のバレンタインデーから始まり、3月14日のホワイトデー、4月14日のブラックデー、5月14日のローズデー・イエローデーの延長線上にある恋人たちのための記念日。この日までにカップルとなった恋人同士が堂々とキスをしてもいい日。

[この日] オリンピック五輪旗の制定

1914年のこの日、フランスのピエール・ド・クーベルタン男爵が考案した五輪のマークが、国際オリンピック委員会（IOC）の設立20周年記念式典で発表され、オリンピックシンボルとしてオリンピック大会旗に制定される。5つの輪は5大陸を象徴している。クーベルタンが、古代オリンピックが開催されたデルフォイの祭壇にあった、休戦協定を中に刻んだ五輪の紋章の意匠から想起して製作したといわれる。

[誕生日] ゲバラ（1928年6月14日－1967年10月9日）

本名エルネスト・ラファエル・ゲバラ・デ・ラ・セルナ。愛称チェ・ゲバラ。アルゼンチン生まれのキューバの革命家。アルゼンチンのロサリオで裕福な家庭に生まれる。ブエノスアイレス大学医学部を卒業し、医師免許を取得。ペロンの独裁に反対して出国。南米諸国で医療活動をし、グアテマラ革命の敗北を経験。亡命先のメキシコでキューバの革命指導者カストロと出会い、ともにキューバのバティスタ独裁政権を打倒し、キューバ革命を達成する。ゲバラは戦闘が終わると、敵の負傷兵まで治療したという。ボリビアでの革命運動に身を投じ死亡するまで、理想を求めて生き、私利私欲のない自己犠牲を貫いた生涯を送った。

15日

世界高齢者虐待啓発デー

1990年12月に行われた国連総会で、高齢者の権利や高齢者虐待撤廃に関する意識を向上させることを目的に制定された記念日。

16日

[この日] イングランドでマグナ・カルタが制定される

1215年6月15日、イングランド王国のジョン王により、マグナ・カルタ（大

憲章）が制定された。マグナ・カルタは63ヵ条からなる法で、イングランド国王の権限の制限を内容としている。現在でもイギリスにおける憲法を構成する法典の1つ。

［この日］ベンジャミン・フランクリンの凧を用いた実験
　1752年のこの日、ベンジャミン・フランクリンが凧を用いた実験で、雷が電気であることを証明した。

17日

砂漠化および干ばつと闘う世界デー
　1994年6月17日に「国連砂漠化対処条約」が採択されたことに伴い、翌年の1995年1月30日の国際連合総会の決議により制定された。地球の砂漠化を防止して、旱魃（かんばつ）から人々を救うことを主な目的としている。国際デーの1つ。

［この日］アメリカ、ウォーターゲート事件起こる
　1972年6月17日に、ニクソン再選を図るアメリカ共和党の大統領再選委員会が、ワシントンD.C.のウォーターゲートビル内の民主党本部に盗聴器を仕掛けようとしたことが発覚。その後のもみ消し工作や司法妨害など、アメリカの一大政治スキャンダルとなり、1974年8月にリチャード・ニクソン大統領が辞任した。これらの経緯を「ウォーターゲート事件」という。

18日

［誕生日］ジェームズ・ポール・マッカートニー（1942年6月18日-　）
　イギリスのミュージシャン。ロックバンド・ビートルズの元ボーカル兼ベーシスト。世界で最も有名なシンガーソングライターでありマルチプレイヤーの1人。「ギネス世界記録」に"ポピュラー音楽史上最も成功した作曲家"として認定される。ジョン・レノンとともに代表曲の多くを手がけた。1980年代以降はソロとして活動。全米チャートの首位に9曲、トップ20に20曲以上が入る。1997年にナイトに叙勲され、「サー」の称号を贈られる。

19日

世界鎌状赤血球症デー
　「世界鎌状赤血球症デー」は、鎌状赤血球病の撲滅を訴える日。鎌状赤血球症は、赤血球の形状が鎌状になり酸素運搬機能が低下して起こる遺伝性の

貧血病である。鎌状赤血球の遺伝子とマラリアの流行には深い関係があり、マラリアが比較的多く発症するアフリカには、鎌状赤血球遺伝子を持つ者がかなり見られる。

20日

世界難民の日

1974年のこの日に、アフリカ統一機構難民条約「アフリカ難民条約」が発効したことにちなんで、2000年12月4日国際連合総会で「世界難民の日」が制定された。

21日

ヨガの国際デー

国連は、インドのナレンドラ・モディ首相からの提案により、6月21日を「国際ヨガの日」にすることを宣言した。世界各国政府に対し、この日をヨガの恩恵について認識を高める機会とするよう提唱。国連総会で採択された。

世界ALS/MNDデー

難病である筋萎縮性側索硬化症（ALS）および運動ニューロン病（MND）に対する認知を広めるために制定された「世界ALS/MNDデー」には、この病気への関心を喚起するイベントが世界各地で行われる。

[誕生日] サルトル（1905年6月21日-1980年4月15日）

フランスの哲学者、小説家、劇作家。シモーヌ・ド・ボーヴォワールと「契約結婚」して生涯添い遂げた。「実存は本質に先行する」と主張。論文『存在と無』で反キリスト的神学体系を打ち出し、無神論的実存主義を展開した。第二次大戦後、雑誌『現代』を主宰。文学者の政治・社会参加（アンガージュマン）を説き、東西冷戦時代に共産主義に接近したことで、カミュなど友人たちが離れる。反戦・平和運動に積極的に参加した。1964年、ノーベル文学賞の受賞を拒否。

23日

国連パブリック・サービスデー

2002年の国連総会において、国連加盟各国に対し、公共サービスが開発に果たす役割を周知するための日として制定された。国際デーの1つ。

国際寡婦の日
　夫を亡くした妻（寡婦）の人権を守り、寡婦の社会への貢献を認識し、寡婦への理解・支援を求めるための日。国際デーの1つ。

24日

聖ヨハネの日
　カトリックなどにおける聖ヨハネの聖名祝日。ヨハネはヨルダン川でイエスらに洗礼（バプテスマ）を授けた。「バプテスマのヨハネ」「洗者ヨハネ」とも呼ばれる。

UFO記念日（空飛ぶ円盤記念日）
　1947年のこの日、アメリカの実業家ケネス・アーノルドはワシントン州レニアサン付近で強い閃光を目撃したという。この世界初のUFO目撃談にちなんで生まれた記念日。

ドレミの日
　イタリアの修道士グイード・ダレッツォが1024年のこの日、「ドレミファソラシ」を利用した階名唱法を考案したことにちなんだ記念日。階名唱法とは、階名のド、レ、ミがそのまま音名として使われるように、旋律に階名をあてはめて歌うことで、長調の主音をド、短調の主音をラとして歌う。これを移動ド唱法という。一方、ドをつねにハ音に固定して歌う固定ド唱法もある。

25日

船員デー
　国際海事機構（IMO）によれば、毎年120億トンの物品が150万人の船員たちによって運ばれており、日用品の90%は船員たちの働きに頼っているという。船員デーは、船員たちが海上の危険に直面しながら人々の生活に貢献していることに関心を喚起する日である。

26日

国際薬物乱用・不正取引防止デー
　1987年のこの日、薬物乱用・不正取引防止に関する国際会議で、「薬物乱用統制における将来の活動の包括的多面的概要」が採択された。これを記念して、1987年12月の国連総会で制定された。国際デーの1つ。

拷問の犠牲者を支援する国際デー

1984年のこの日、拷問等禁止条約が発効したことを記念して、1997年12月の国連総会で制定された。国際デーの1つ。

[この日] 国際連合の設立

1945年6月26日のサンフランシスコ会議において、国際連合憲章が51カ国により調印され、国際連合が設立した。

27日

[誕生日] ヘレン・ケラー（1880年6月27日-1968年6月1日）

アメリカの教育家、社会福祉事業家。生後19カ月で視力・聴力を失う。女性教師サリヴァンの教育で、触読と発音を学ぶ。名門ラドクリフ大学を卒業。三重の障害をもった最初の卒業生となった。サリヴァンと2人で全米はもとより海外にも講演に赴き、各地で歓迎を受ける。ヘレンは、婦人参政権の主張、人種差別反対など、当時としては先進的な考え方をもった女性だった。

28日

[誕生日] ルソー（1880年6月27日-1968年6月1日）

ジュネーヴに生まれる。フランスの哲学者。音楽や音楽理論、文学、舞台芸術など多方面で活躍した。百科全書派の1人。『社会契約論』で近代民主主義を説き「自由・平等・博愛」の考えは、のちのフランス革命にも影響を与えた。下宿先の使用人との内縁関係で5子をなしたが、すべて養育院に送って消息もわからず「ルソーの捨て子事件」として世間から非難された。主な著書は『社会契約論』『人間不平等起源論』『エミール』『告白』。恋愛小説の『新エロイーズ』など。

30日

アインシュタイン記念日

1905年のこの日、アルベルト・アインシュタインが相対性理論に関する最初の論文「運動物体の電気力学について」をドイツの物理雑誌『アナーレン・デア・フィジーク』に提出した。古典的ニュートン力学に大きな変革をもたらした。

【年によって日付が変わる記念日】
父の日：第3日曜日

　1909年にアメリカのワシントン州スポケーンのソノラ・スマート・ドッドが、男手1つで自分を育ててくれた父に感謝を示すために、教会の牧師に頼んで父の誕生月の6月に礼拝をしてもらったことがきっかけといわれている。母の日の花がカーネーションなのに対し、父の日の花はバラ。ソノラ・スマート・ドッドが、父の日に父親の墓前に白いバラを供えたことに発している。

7月
July

　Julyの語源は、ローマの政治家でユリウス暦を制定したJulius Caesar（ユリウス・カエサルあるいはジュリアス・シーザー）が、誕生月に自分の名をつけたことによる。もともと古代ローマ暦において、この月はQuintilis（第5の月）であった。

　日本では、7月は文月（ふみづき）（ふづき）と呼ぶ。稲の穂が実る月であることから「穂含月（ほふみづき）」、「穂見月（ほみづき）」に由来するという説、あるいは7月に本の虫干しをする風習があったところから、ふみづきになったという説がある。

7月の花	ゆり、蓮（はす）、トルコギキョウ
誕生石	ルビー（情熱・純愛・勇気）
	カーネリアン（精神のバランス・落ち着き・勇気・友情）

日本の祝祭日 ▶ 7月第3月曜日　海の日

1日

カナダデー

「カナダの誕生日」とも呼ばれるカナダの建国記念日。国民の祝日となっている。1867年7月1日に、カナダ憲法の中核一部をなす英領北アメリカ法（のちに1867年憲法と改称）が施行され、カナダがイギリスから独立した。

中国共産党創立記念日（中国）

建党節とも呼ばれる。中華人民共和国の中国共産党の設立を記念する日。1921年のこの日、中華民国の上海で第1回中国共産党大会が開催され、中国共産党が成立した。

香港特別行政府設立記念日

1997年7月1日、香港がイギリスから中華人民共和国に返還されたことを記念する日。

[誕生日] ダイアナ・スペンサー（1961年7月1日-1997年8月31日）

ダイアナ（プリンセス・オブ・ウェールズ）は、イギリスの第1位王位継承権者ウェールズ公チャールズの最初の妃。スペンサー伯爵家の令嬢として生まれ、1981年にチャールズ皇太子と結婚。ケンブリッジ公ウィリアム王子（第2位王位継承権者）およびヘンリー王子（第5位王位継承権者）の2子の母となる。のちにチャールズ皇太子と別居、1996年に離婚。1997年パリで交通事故による不慮の死を遂げた。イギリス王室により、ダイアナは準国葬の「王室国民葬」に付された。世界で一番多く写真を撮られ、記事にされた人間だったといわれるほど、ダイアナ人気は終生衰えることがなかった。

2日

[この日] ツェッペリンが硬式飛行船の飛行に成功

フェルディナント・フォン・ツェッペリン伯爵（通称Z伯）が開発した硬式飛行船が、1900年のこの日、ドイツのフリードリッヒシャフェンで20分の初飛行に成功した。硬式飛行船はアルミなどの軽金属や木材などで枠組みを作り、その外側を布などの被膜で覆う形態の飛行船。水素あるいはヘリウムなど、空気より比重の小さい気体を詰めた気嚢で機体を浮揚させる。ツェッペリンの飛行船の成功で、「ツェッペリン」が硬式飛行船の代名詞になった。

[この日] 南北ベトナムの統一

1976年のこの日、北ベトナムと南ベトナムが統一された。国名はベトナム社会主義共和国と改称。

[誕生日] ヘルマン・ヘッセ（1877年7月2日-1962年8月9日）

　ドイツのシュバーベン地方のカルヴで牧師の子として生まれる。小説家、詩人。20世紀前半のドイツ文学を代表する文学者。1904年に新妻とスイスのボーデン湖畔に移住し、スイス国籍を得て終生スイスで過ごした。反戦・平和主義を貫きナチス・ドイツには敢然と反対した。代表作には、自伝的な作品『車輪の下』や『デミアン』『荒野の狼』など、西欧文明と近代への痛烈な文明批評の傑作がある。『ガラス玉演戯』で、1946年にノーベル文学賞を受賞。

3日

[この日] アメリカの南北戦争、ゲティスバーグの戦いが終結。

　1863年のこの日、アメリカ合衆国軍（北軍）とアメリカ連合国軍（南軍）の戦いである南北戦争において、最大の激戦地となったゲティスバーグの戦いで、アメリカ合衆国軍（北軍）が勝利した。これが転換点となって合衆国軍が優勢となったといわれている。ゲティスバーグは、鉄道や主要道路が交差する場所で、物資補給と部隊増強の要所として両陣営にとって重要地点であった。戦死者の多くは砲撃によるものであったという。

[誕生日] フランツ・カフカ（1883年7月3日-1924年6月3日）

　現在のチェコ出身のドイツ語作家。プラハのユダヤ系商人の家に生まれ、プラハ大学で法律を学んだのち労働者傷害保険協会に勤めながら、ドイツ語で作品を執筆。結核にかかって退職後、各地のサナトリウムに滞在しウィーンで没した。5年間で500通の手紙を送った女性と婚約と破棄を繰り返すが結局破局。生前には『変身』『流刑地にて』など数冊の著作が発表されたのみだが、死後、遺稿の廃棄を依頼された友人マックス・ブロートにより日記や書簡、中断された長編『審判』『城』『失踪者』などが発表された。実存主義文学として世界的に評価されており、20世紀を代表する作家の1人と目されている。

4日

アメリカ独立記念日

　1776年7月4日の大陸会議において、イギリス（グレートブリテン王国）に統治されていた13の植民地の独立を宣言した「アメリカ独立宣言」が採択された。これを記念して7月4日は、「独立記念日」の祝日となっている。この日には全米各地で、恒例の打ち上げ花火やパレードや野球などのイベントが盛大に行われる。

ネイサンズ国際ホットドッグ早食い選手権（アメリカ）

　7月4日に建国記念日を記念して、ニューヨーク・ブルックリンのコニーアイランドにあるホットドッグチェーン・ネイサンズが主催するホットドッグ早食い大会が行われる。1916年のこの日、4人の移民が、だれが一番愛国心を持っているかを決めようと、ネイサンズ1号店の前でホットドッグの早食い競争をしたのがはじまりといわれている。2001年には日本人の小林尊が世界新記録で優勝した。現在は、国際大食い協議連盟（IFOCE）主催による、「メジャーリーグ・イーティング」のイベントとして行われている。

6日

サン・フェルミン祭（スペイン）

　スペインのナバラ州で、6日から14日まで開かれる。通称「牛追い祭り」として知られている。

7日

[この日] ロンドンの地下鉄・バスで同時多発爆破テロ

　2005年7月7日午前8時50分ごろ、ロンドンの地下鉄トンネル内の3カ所で、ほぼ同時に爆破された。さらに、走行中のダブルデッカーバス（2階建てバス）も爆破された。このテロ攻撃により56名が死亡した。

[誕生日] グスタフ・マーラー（1860年7月7日−1911年5月18日）

　オーストリア帝国ボヘミア・イーグラウ近郊のカリシュト村（現チェコ）で生まれる。オーストリアのウィーンで活躍した作曲家、指揮者。当時最高の指揮者といわれていたが、暴君的な指揮者として楽団員にとって怖い存在であったという。交響曲と歌曲の作曲家として名高い。代表作として、交響曲第1番「巨人」、第2番「復活」、第4番、第9番、第10番「大地の歌」。声楽曲の「さすらう若人の」「子供の不思議な角笛」「亡き子をしのぶ歌」など。

8日

[この日] ヴァスコ・ダ・ガマの船団がリスボンを出港。

　1497年のこの日、ポルトガルの探検家ヴァスコ・ダ・ガマ率いる船団がインド航路開拓を目指して、リスボンを出港し、ヨーロッパからアフリカ南岸を経てインドへ航海した。ヴァスコ・ダ・ガマは、ヨーロッパ人としてはじめてインド航路を発見した。

[誕生日] ジョン・D・ロックフェラー（1839年7月8日－1937年5月23日）

　アメリカ合衆国の実業家、慈善家。ニューヨーク州リッチフォードで行商人を父に生まれた。16歳で農産物仲買所勤務、18歳で独立した。ペンシルヴェニアで石油鉱脈が発見されると、製油所に投資。その後、スタンダード石油会社を設立。10年たらずのうちに国内の精油業の9割を独占し、アメリカ初のトラストを結成した。1897年に事実上引退したが、当時、世界一の富豪として「10億ドル長者」といわれた。引退後の40年間は慈善事業に多額の資金を提供し、シカゴ大学、ロックフェラー財団、ロックフェラー医学研究所などを創設した。

10日

[誕生日] ジャン・カルヴィン（1509年7月10日－1564年5月27日）

　フランスの神学者、ルターと並ぶ宗教改革の先導者。検事兼司教管区秘書の子に生まれる。パリで神学・人文主義を学び、突然の改心で福音主義（新教）に転向。スイスのバーゼルにおいて『キリスト教綱要』を著わし、ヨーロッパに名を知らしめた。旅行中に立ち寄ったスイスのジュネーヴ市で友人ファレルに要請され、同市の宗教改革に協力する。その厳格さに一度は市から追放されるが、再び請われて戻り、生涯をかけて宗教改革に努めた。人は信仰によってのみ義とされる（救われる）とし、神の恩寵は神が予定した選ばれた者のみに限られる、という「予定説」を説いた。また、救いの確証として社会生活における実践が重要で、金銭的成功も神の恩寵の現れとして肯定。資本主義の担い手であった新興市民の支持を得た。

[誕生日] プルースト（1871年7月10日－1922年11月18日）

　フランスの作家。パリ大学衛生学教授の父と、ユダヤ系で教養豊かな社交家の母との間に生まれる。パリ大学で法律と哲学を学んだ後、次第に文学に傾倒し、ほとんど職に就かずサロンに出入りして華やかな社交生活を送る。いくつかの詩や小説などの習作を試みるが認められず、父母の死を契機に自室にこもって、30代から死の直前までの15年間『失われた時を求めて』を書き続けた。この小説は「心情の（無意識的記憶のよみがえり）」という手法によるもので、当時のフランス社会における有産階級の台頭や貴族階級の没落、対立など、世相、風俗、心理の詳細な描写により、自我の探求と重ね合わせたものである。20世紀前半の文学を代表する傑作といわれている。

11日

世界人口デー

　国連人口基金（UNFPA）が1989年に制定した国際デーの1つ。1987年に世界の人口が50億人を突破したことにちなみ、世界の人口問題への関心を喚起するために「世界人口デー」が設けられた。2015年に国連が発表した『世界人口白書』によれば、世界の総人口は2050年に97.3億人、2056年には100億人を超えると予測されている。

13日

[この日] ハリウッドの象徴となる"HOLLYWOOD"の看板が設置される

　1923年のこの日、アメリカのカリフォルニア州ロサンゼルスのサンタモニカ丘陵にあるハリウッドヒルズ地区に、屋外広告としてHollywoodの文字の看板が設置された。高さ45フィート（14m）、幅350フィート（110 m）にわたって文字が並べられている。今ではハリウッドの象徴としてランドマーク的な存在となっている。かつては悪戯や破壊の標的になり、傷みが激しくなっていたが、1978年にロック歌手のアリス・クーパーの保存運動が契機となって寄付が募られ、修復が実現した。その後2005年の修復の際には、破壊行為を防ぐセキュリティ・システムが設置された。

[この日] 第1回サッカーワールドカップ始まる

　第1回目のFIFAワールドカップが、1930年7月13日から7月30日の間、南米のウルグアイで開催された。第1回FIFAワールドカップでは、出場権をかけた地区予選は行われず、全てのチームが招待されて参加した。船での長旅を嫌って、ほとんどのヨーロッパのチームが出場を辞退したという。結局、当時のFIFAの会長、ジュール・リメが参加を呼びかけた結果、ヨーロッパからはフランスの同盟関係にあったベルギー、フランス、ルーマニア、ユーゴスラビアの4カ国が参加することになった。

[この日] ボスニア・ヘルツェゴビナ紛争、スレブレニツァの虐殺起こる

　1995年7月11日、ムラディッチ率いるセルビア人勢力は、国際連合の指定する「安全地帯」のスレブレニツァに侵攻し中心部を制圧、7月13日にスレブレニツァに居住していたこどもたちを含む推定8千人のボシュニャク人を殺害した。この事件は旧ユーゴスラビア国際戦犯法廷および国際司法裁判所によってジェノサイド（大量虐殺）と認定された。第二次世界大戦以降では、欧州最悪のジェノサイドといわれている。

14日

フランス革命記念日（パリ祭）

　1789年のこの日、民衆によるバスティーユ牢獄襲撃を契機として、フランス全土に騒乱が広がり、第三身分（平民）らによる革命が勃発。絶対王政と封建制度は崩壊した。これを記念して7月14日が革命記念日となった。現在の建国記念日はバスティーユ襲撃ではなく、1790年の連盟祭をもって記念日としている。日本では「パリ祭」として知られている。

[この日] プラハの春、ワルシャワ会談が行われる

　1968年の春から夏にかけて、チェコスロバキアで新任のドプチェク党第一書記の下、国家による事前検閲の廃止、市場経済方式の導入など、一連の自由化政策がとられた。こうした民主化への動きは「プラハの春」と呼ばれる。同年7月14日、15日に開かれたワルシャワ会談ではソ連の介入は避けられたが、8月15日から開かれたソ連共産党政治局会議で、チェコスロバキアへの軍事介入が最終決定され、プラハの春は終焉を迎えた。

15日

[この日] ロゼッタ・ストーンが発見される

　1799年のこの日、ナポレオンのエジプト遠征にともなって遠征中のフランス軍人ピエール=フランソワ・ブシャールによりロゼッタ・ストーンが発見される。1822年、ジャン=フランソワ・シャンポリオンと物理学者のトマス・ヤングらによって解読され、ロゼッタ・ストーンは紀元前196年にプトレマイオス5世の勅令が刻まれた石碑の一部であったことが判明する。ロゼッタ・ストーンは古代エジプトのヒエログリフや文化を理解する鍵としてかかせない存在となっている。ロゼッタ・ストーンは1801年以来、アレクサンドリア協定のもとイギリスの所有となり、大英博物館で一般に公開されている。

[誕生日] レンブラント（1606年7月15日-1669年10月4日）

　正式にはレンブラント・ハルメンソーン・ファン・レイン。ネーデルラント連邦共和国（オランダ）の画家。ライデン大学に入学するも画家になるために退学、修行の後、ライデンで工房を開く。『トゥルプ博士の解剖学講義』で一躍有名になり、アムステルダムで肖像画家として名声を得る。しかし、完璧主義で芸術性を極めようとするレンブラントは顧客を待たせることも多く、肖像画の注文が減ってしまう。長年の浪費癖も一向になおらず、妻と愛児を失い破産宣告をされるなど、晩年は貧困のうちに没する。レンブラントは、650枚以上の

油絵をはじめ、水彩画、銅版画など2千点以上の作品を残している。中でも集団肖像画である『夜警』は代表作として名高い。「光と影の画家」「魂の画家」と呼ばれ、ヨーロッパ美術史上、最も重要な作家の1人とされる。

16日

この日 アメリカが世界初の核実験

1945年のこの日、アメリカが原子爆弾開発のために、科学者や技術者を結集したマンハッタン計画により、ニューメキシコ州アラモゴードにおいて、人類初の原子爆弾の実験を行った。トリニティ実験と呼ばれる。

17日

国際司法の日

1998年のこの日、国際刑事裁判所の設立に関する国際連合全権外交使節会議が開かれ、国際刑事裁判所ローマ規程が採択されたことを記念して制定された。

制憲節（韓国）

大韓民国の国慶日の1つ。大韓民国憲法が公布された日。朝鮮の太祖李成桂が朝鮮を建国した日とされる。

18日

ネルソン・マンデラ国際デー

南アフリカ共和国の政治家、弁護士であったネルソン・マンデラを称える国際的な記念日。ネルソン・マンデラは反アパルトヘイトの闘士として27年間も投獄生活をおくりながら、アパルトヘイト体制を平和的に終結させて、新しい民主的な南アフリカの礎を築いたとして、ノーベル平和賞を受賞している。この日はネルソン・マンデラの誕生日。

19日

この日 第22回夏季オリンピック、モスクワ大会

1980年のこの日、第22回夏季オリンピック、モスクワ大会が開催された。日本をはじめアメリカ、中華人民共和国など67カ国が不参加の異例のオリンピックとなった。前年の1979年12月に起きたソ連のアフガニスタン侵攻に対する抗議のために、集団ボイコットという事態に至った。

誕生日 ドガ（1834年7月19日-1917年9月27日）

　フルネームは、イレール・ジェルマン・エドガー・ド・ガ。フランスの印象派の画家、彫刻家。裕福な銀行家の子として生まれ、美術学校に学んで古典主義的な教育を受けた。特にアングルに傾倒していた。ドガは印象派展覧会に出品を続けていたが、必ずしも印象派の主流であったわけではなく、古典的手法で現代の都会生活を描くことに関心が向けられていた。踊り子、競馬など、市井の風俗を題材に、対象の一瞬の動きをとらえる技法を確立した。ドガのバレエ好きは知られており、オペラ座の定期会員になっていたため、楽屋や稽古場に自由に立ち入ることが許されていた。ドガならではのアングルで、踊り子の一瞬の表情をとらえた傑作も多い。

20日

この日 アポロ11号、人類初の月面着陸

　1969年のこの日、7月16日ケネディ宇宙センター第39複合発射施設から世界初の有人月宇宙船「アポロ11号」が打ち上げられた。乗員はニール・アームストロング船長、バズ・オルドリン月着陸船操縦士、マイケル・コリンズ司令船操縦士の3宇宙飛行士。1961年5月25日に、ケネディ大統領は上下両院合同議会での演説で、「私は、今後10年以内に人間を月に着陸させ、安全に地球帰還させるという目標の達成に我が国民が取り組むべきと確信しています」とアポロ計画推進を表明したが、その計画は見事に達成された。月に初めて一歩を踏み出したアームストロング船長が、「この一歩は小さいが、人類にとっては偉大な跳躍である」と地球に送ったメッセージは有名である。

21日

誕生日 ヘミングウェイ（1899年7月21日-1961年7月2日）

　アメリカの作家。新聞記者・雑誌編集者になり、ヨーロッパ特派員として各地を視察し、ギリシア・トルコ戦争などを報道した。『陽はまた昇る』で、第一次世界大戦の悲惨な戦争体験を通して、既存の思想や価値観に不信を抱いた作家たち、いわゆる"失われた世代"の代表作家となる。イタリア戦線の体験をもとにした『武器よさらば』、スペイン内乱の取材による『誰がために鐘は鳴る』を発表し、ハードボイルドな作風が一世を風靡する。キューバに移り住み、第二次世界大戦後に『老人と海』を発表。ピュリッツアー賞、ノーベル文学賞を受賞。晩年は2度の航空機事故による後遺症に悩まされ、うつ状態となり、

1961年に猟銃自殺した。

22日

日円周率近似値の日

　7月22日は、ヨーロッパ式では22/7と表記される。この区切り文字の / を割り算の記号としてみなすと、アルキメデスが求めた円周率の近似値（22÷7=3.1428…）となることにちなんだ記念日。この日以外にも、3月14日の「円周率の日」がある。ちなみに1592年3月14日6時53分58秒は、アメリカ式の表記では314159231465358となり、円周率の上12桁に一致している。そのためこの時間は、究極の円周率の日と呼ばれることがある。

23日

奴隷貿易とその廃止を記念する国際デー

　1998年にユネスコが制定した国際デーの1つ。1791年のこの日、フランス植民地のサン＝ドマング（現在のハイチ）で、大西洋奴隷貿易廃止の重要なきっかけとなったハイチ革命が始まったことにちなんでいる。

ドッグ・デイズ

　ドッグ・デイズとは、「夏の最も暑い時期」を表している。北半球では7月上旬から8月中旬ごろまで、南半球では1月上旬から2月中旬ごろまでとなる。ドッグ・デイズの名前の由来は、おおいぬ座のシリウス（Dog Star）からきている。シリウスは、7月から8月にかけて日の出とともに現れ、日の入りとともに沈む。シリウスとは、ギリシア語の「焼き焦がすもの」という意味のセイリオスに由来しており、これらのことからこの時期が暑くなることと関連づけられたようである。古代ローマでは、ドッグ・デイズは7月24日から8月24日まで、あるいは7月23日から8月23日までとされていた。

25日

聖ヤコブの祭日

　イエス・キリストの12人の使徒の1人である聖ヤコブの、カトリック教会における聖名祝日。

[この日] スティーブンソンが蒸気機関車の初試運転

　1814年のこの日、ロバート・スチーブンソンが蒸気機関車の試運転に成功した。1823年には、父とともに蒸気機関車を製造する会社を設立。この会社で初

期の蒸気機関車の大半が製造された。

この日 イギリスで世界初の試験官ベビー誕生

　1978年7月25日午後11時47分、イギリスで世界で初めて体外受精による試験官ベビー（ルイーズ・ブラウン）が誕生した。体外受精の技術は、ケンブリッジ大学のロバート・エドワーズ教授と婦人科医パトリック・ステップトーが12年間の研究の末に完成させたもの。ルイーズは、2006年に自然妊娠により男児を出産し、「体外受精の子どもは将来健康な子どもを産むことができない」という懸念を払拭した。

26日

この日 キューバ革命はじまる

　1953年のこの日、カストロ指揮下の学生たちからなる小隊がモンカダ兵営を襲撃し、キューバ革命が始まった。キューバ革命は、フィデル・カストロ、チェ・ゲバラらが中心となって、アメリカ合衆国の影響が強かったフルヘンシオ・バティスタ政権を打倒した武装解放闘争のことである。

この日 ポツダム宣言

　第二次世界大戦の終戦で1945年のこの日、イギリス、アメリカ合衆国、中華民国3国の首脳が大日本帝国に向けてポツダム宣言を発表した。これは「全日本軍の無条件降伏」などを求めた13カ条からなる宣言であった。日本はこの宣言を受諾し、第二次世界大戦は終結した。

誕生日 ユング（1875年7月26日－1961年6月6日）

　カール・グスタフ・ユングは、スイスの精神病理学者、心理学者。分析心理学（通称・ユング心理学）を創始した。フロイトの精神分析学に共感し、フロイトとともにアメリカに招かれて精神分析学を普及させた。のちにフロイトの考えとの相違が明らかになり決別する。ユングは精神病者の幻覚や妄想が古来の神話や伝説などと共通の基本的パターンのうえになりたっているとして、「元型」という考え方を示した。そして、人間の心の世界には個人的無意識と普遍的無意識が存在し、普遍的無意識こそが人類に共通のもので、そこに元型が存在するとした。ユングは中国の易経や日本の禅などにも造詣が深かった。

27日

祖国解放戦争勝利記念日（北朝鮮）

　1953年のこの日、朝鮮戦争の休戦が成立した。勝敗は決しておらず休戦

であったが、北朝鮮ではこの日を祖国解放戦争における「勝利記念日」と位置付けている。

お寝坊さんの日（フィンランド）

家で一番遅くまで寝ていた人を、水に投げ込むなどして起こす日とされる。200年間眠り続けたというエフェソスの7人の眠り男の伝承による。

28日

世界肝炎デー

世界保健機関が2010年に制定した国際デー。2004年にヨーロッパと中東の患者のグループが、10月1日を「国際C型肝炎啓発デー」として始めたもので、2007年まで実施された。2008年に世界肝炎アライアンスが5月19日の「世界肝炎デー」を制定した。

[この日] 第一次世界大戦が始まる

1914年にオーストリア＝ハンガリー帝国がセルビアに宣戦布告した。これが端緒に世界の多数の国が参戦する「第一次世界大戦」に発展した。

29日

オラフ祭

デンマーク自治領のフェロー諸島で、「聖オラフの日」を祝して毎年夏に開催される祝祭日。聖オラフはノルウェー王でキリスト教の聖人。オラフ王がスティクレスタズの戦いで命を落とした7月29日が「聖オラフの日」となっている。この日には、国会議事堂前で首相が指揮をとる市民参加のチェーンダンスなどが行われる。

30日

国際フレンドシップデー

国際間の相互理解と友好関係の増進およびその公益使命の達成に寄与することを目的として制定された。

人身取引反対世界デー

国連は人身取引被害者の状況を理解し、被害者の権利の促進・保護に関する啓発活動に尽力するため、2014年から7月30日を「人身取引反対世界デー」に定めた。この日を記念して、国際労働機関（ILO）を含む16の国連機関、その他国際機関で構成される人身取引反対機関間調整グループ

（ICAT）は、この問題に対する協力と活動の調整を改めて誓う共同声明を発表した。

[誕生日] ヘンリー・フォード（1863年7月30日−1947年4月7日）

　　自動車会社フォード・モーターの創設者。フォードは自動車を発明したわけではないが、自動車産業の育ての親として「自動車王」と呼ばれた。中流の人々が購入できる初の大衆車「T型フォード」は、生産累計1500万台以上も生産され、会社は巨大企業に成長した。それはまた大量生産・大量消費に支えられたアメリカの"黄金の20年代"の象徴でもあった。フォードは安価な製品を大量生産しつつ、労働者の高賃金・労働時間の低減を維持する「フォーディズム」の提唱者であったが、長い間組合の結成は認めなかった。私財5億ドルを投じてフォード財団を設立し、利益を社会に還元してきた。

【年によって日付が変わる記念日】

国際協同組合デー：第1土曜日

　　1922年に国際協同組合同盟（ICA）が定め、1995年に国連も同日を「協同組合の国際デー」と認めた。世界の協同組合に携わる人々が、平和とより良い生活を築くために協同組合運動の前進を願うとともに、協同組合の発展を祝う日である。

システム管理者の日：最終金曜日

　　システム管理者の労を労う記念日。2000年から実施されている。シカゴ在住のシステム管理者Ted Kekatosが、ヒューレット・パッカード社の広告に、良い仕事をしたシステム管理者が、同僚たちから感謝のプレゼント攻めにあうというストーリーがあって思いついたという。Kekatosによれば、「残りの364日にはほとんど敬意を払われていないシステム管理者に対し、そのシステムの利用者等がプレゼントを贈るなどして感謝の意を表する日」としている。

マオリ語週間：7月上旬〜8月上旬の期間中の月曜日を起点とする7日間（前年に該当期間及びテーマがマオリ語委員会より発表される）

　　ニュージーランド人に公用語の1つであり、先住民マオリの言語であるマオリ語の使用を促進するために同国政府が協賛し、設けられた週間である。

8月 August

　Augustの語源は、ローマの皇帝アウグストゥス(Augustus)に由来する。アウグストゥスは、ユリウス暦の誤った運用を修正し、8月の名称を、それまでSextilis（第6の月の意味）から自分の名に変更した。
　日本では、8月は葉月と呼ぶ。木の葉が茂ってやがて落ちてくるころだから「葉落ち月」に由来するという説、あるいは渡り鳥の雁がはじめてやってくる季節「初来月」からきているという説がある。

|8月の花| ヒマワリ、アンスリウム
|誕生石| ペリドット（夫婦愛・友愛）

日本の祝祭日 ▶ 11日　山の日

1日

世界母乳の日

　世界保健機関（WHO）と国際連合児童基金（ユニセフ）の援助の元に、世界母乳連盟が1992年に制定した。世界保健機関（WHO）は、少なくとも、固形物を食べられる兆候が現れるまでの最初の6カ月間は、母乳のみで育てることを推奨している。母乳の栄養は、乳幼児突然死症候群のリスクを低下させたり、知能の向上など数多くの利点がある。また、母親にとっても有益で、出産後の子宮の拡大を防ぐ、母体を出産前の体重に戻しやすくする、乳癌のリスクを低下させる、などといわれている。

2日

[この日] カエサル（シーザー）の「来た、見た、勝った」の手紙

　紀元前47年8月のこの日、ポントス西部のゼラでポントス王ファルナケス2世を破った時、カエサルはローマの腹心ガイウス・マティウスに「来た、見た、勝った（Veni, vidi, vici,）」と手紙に書いて送った。簡潔にして明快なこの言葉は、後世にまでしばしば引用されている。

[この日] イラクのクウェート侵攻

　1990年のこの日、イラクがクウェートに侵攻。同日、国連安保理は即時無条件撤退を求める決議を採択した。

3日

[この日] コロンブスが第1回探検に出発

　1492年のこの日、コロンブス率いる3隻の船が、スペインのイサベル1世の命によりパロス港を出航した。乗組員は90人（120人とも）といわれている。

5日

[誕生日] キ・ド・モーパッサン（1850年8月5日－1893年7月6日）

　フランスの自然主義の作家、劇作家、詩人。12歳で両親が離婚し、エトルタの別荘で母親に育てられる。22歳の時にパリに出て、海軍省、文部省に勤務。伯父の親友だったフロベールの指導を受けるようになり、その関係でツルゲーネフ、ゴンクール兄弟、ゾラ、ドーデーら才能ある若い作家たちと知り合う。そのころ短編集『メダンの夕べ』の中の1篇『脂肪の塊（かたまり）』を発表し、一躍有名になった。中短篇作家として活躍し、260篇を残した。長編は『女の一

生』など6篇。先天性梅毒による神経発作に襲われ、自殺未遂ののち43歳でパリの精神病院で没する。

6日

この日 神聖ローマ帝国の解体

　1806年のこの日、フランツ2世が「神聖ローマ皇帝」の称号を自ら放棄し、神聖ローマ帝国が解体した。

この日 広島市に世界最初の核兵器・原子爆弾が投下される

　1945年8月6日午前8時15分、アメリカ軍のB-29爆撃機エノラ・ゲイが広島市に原爆を投下した。9万人から16万6千人が被ばく、死亡したとされる。

誕生日 アンディ・ウォーホル（1928年8月6日-1987年2月22日）

　アメリカの画家、版画家、ポップアートの第一人者。ペンシルベニア州 ピッツバーグでチェコスロバキアの移民の子として生まれる。現在のカーネギーメロン大学に進学し、広告芸術を学ぶ。銀髪のカツラがトレードマークで、ロックバンドのプロデュースや映画制作なども手がけたマルチ・アーティスト。キャンベル・スープ缶やマリリン・モンローの顔などをモチーフとしたシルクスクリーン作品で有名。『ライフ』誌で、ウォーホルはビートルズとともに「1960年代にもっとも影響力のあった人物」として選ばれている。

7日

この日 コンティキ号、ペルーから南太平洋の島への漂流実験に成功

　ノルウェーの人類学者トール・ヘイエルダールらによって古代の図面を元に建造された大型の筏コンティキ号が、1947年4月28日、ペルーのカヤオ港より漂流を開始した。予想通りコンティキ号は、フンボルト海流に乗って西進し、102日後の8月7日に、ツアモツ諸島のラロイワ環礁に到達（座礁）した。距離にして4千300マイル（約8千km）の航海であった。この実験により、ポリネシア人の祖先が南米から渡来したアメリカ・インディアンである可能性が実証された。

8日

この日 ニクソン大統領、ウォーターゲート事件で辞任

　1974年のこの日、ニクソン米大統領がテレビ演説を行い、翌9日正午に辞任することと、フォード副大統領の大統領昇格を公表した。

この日 世界保健機関がエボラ出血熱の流行で「緊急事態」宣言

　2014年のこの日、世界保健機関（WHO）は西アフリカにおけるエボラ出血熱の流行に関して、「国際的に懸念される公衆衛生上の緊急事態」を宣言した。これは、2013年ごろから、西アフリカ諸国でバイオセーフティレベル4（最強の感染力と毒性）に属するエボラウィルスによるエボラ出血熱が流行し、2014年6月ごろより感染が急拡大して危機的な事態となっていたことによる。2015年10月18日までにおけるWHOの発表によると、感染の疑い例も含め2万8512人が感染。1万1313人が死亡したとされる（死亡率40%）。その後2016年1月14日に、WHOは西アフリカでの感染の終息を宣言した。

9日

世界の先住民の国際デー

　1994年12月の国連総会で制定された。世界の先住民の権利について啓発活動を行うための国際デー。1992年8月9日に、国連人権促進保護小委員会先住民作業部会の第1回会合が開かれたことにちなんでいる。

この日 長崎市への原爆投下

　1945年8月9日午前11時2分、アメリカのB-29爆撃機ボックスカーにより、プルトニウム原子爆弾ファットマンが長崎市に投下された。およそ7万人が死亡した。

12日

国際青少年デー（国際ユースデー）

　2000年8月12日、政府をはじめ世界中の多くの人々に世界の青少年問題へ関心を向けてもらうことを目的として、国連の採択により制定された。世界のユース人口は現在約18億人といわれ、その大半が開発途上国に暮らし、教育や資源、保健医療、経済的機会へのアクセス不足、貧困や紛争などさまざまな課題に日々直面している。国際青少年デーには、世界中でコンサートやワークショップなどのイベントが行われ、ユースを取り巻く問題に注意を促す機会を提供している。

13日

この日 東ドイツがベルリンの壁を築く

　1961年のこの日、東ドイツ政府が東西ベルリン間の全道路を閉鎖し、有刺鉄

線による最初のベルリンの壁の建設を開始した。

[誕生日] サー・アルフレッド・ジョゼフ・ヒッチコック（1899年8月13日－1980年4月29日）
　イギリス、ロンドン生まれ。映画監督、映画プロデューサー。1939年からはアメリカで活躍。スリラー映画で成功し、製作・脚本・編集・美術も手がけた。"サスペンスの神様"とも呼ばれる。代表作は「レベッカ」「サイコ」「めまい」「知りすぎていた男」「鳥」など。自分の作品のどこかに、ほんの一瞬だけ必ず登場することでも有名。1980年1月3日エリザベス2世よりナイトの称号を授けられた。

14日

グリーンデー（韓国）
　韓国では2月14日のバレンタインデーにはじまり、毎月14日が恋人に関する記念日になっている。グリーンデーは、恋人同士で森林浴をする日。恋人のいない人たちは、緑色のボトルに入った焼酎を飲んで慰め合うという。

マキシミリアノ・マリア・コルベ神父の祝日
　教えがナチスの思想と相反したものであるとして、アウシュビッツ＝ビルケナウ強制収容所に送られる。そこで見せしめのために、餓死刑で処刑される見ず知らずの男性の身代りとなって、8月14日に自らが餓死刑で亡くなったマキシミリアノ・マリア・コルベを記念する日。"アウシュビッツの聖者"とも呼ばれる。

[誕生日] アーネスト・トンプソン・シートン（1860年8月14日－1946年10月23日）
　博物学者、作家、画家。イギリスで12人兄弟の末弟として生まれる。5歳のときにカナダに移り住む。博物学者を目指すが、父の反対で絵の道に進む。オンタリオ美術学校を優秀な成績で卒業後、イギリスのロイヤル・アカデミー彫刻学校に入学。特別に許可を得て、大英博物館に日夜通いつめたが体を壊してカナダのトロントに戻る。兄の牧場を手伝いながら、大自然と触れ合い、動物を観察し記録して過ごす。1898年に刊行した『私の知る野生動物』が大ヒットし、シートンの名が全米に知れ渡るようになった。日本では『シートン動物記』の題名で知られている。また、100点をこえる挿絵も画家であるシートン自身が描いている。後半生はアメリカに住み、ウッドクラフト（森林生活法）を提唱。ボーイスカウト創設者のパウエル卿と親交を結び、ボーイスカウト発足のきっかけとなった。

15日

対日戦勝記念日（イギリス）

　第二次世界大戦における連合国の日本に対する戦勝を記念する日。同じく連合国の中華人民共和国やソビエト連邦の対日戦勝記念日は9月3日で、日本がポツダム宣言による降伏文書に調印した9月2日の翌日としている。VEデー（ヨーロッパ戦勝記念日）は5月8日となっている。

光復節（韓国）

　日本がポツダム宣言を受諾したことにより、朝鮮が日本の統治から解放されたという韓国の開放記念日。

[この日] ウッドストック・フェスティバル始まる

　1969年8月15日（金）から17日（日）（もしくは18日午前まで）の間、アメリカ合衆国ニューヨーク州サリバン郡ベセル・ホワイトレイクで開かれた、ロックを中心とした大規模な野外ロックコンサート。約40万人の観客を集めたアメリカの音楽史に残るコンサートとなった。往年の歌手やアーティストが住むウッドストックに、レコーディングスタジオを設立する資金集めを目的として企画された。当初は多くて2万人程度の見込みだったが、結局40万人以上がつめかけた。このコンサートは、たんなるロックコンサートを超えた60年代のヒッピー文化や人間性回復のためのムーブメントにつながる歴史的なイベントとして捉えることができる。

[誕生日] ナポレオン・ボナパルト（1769年8月15日-1821年5月5日）

　革命期のフランスの軍人、政治家。コルシカ島の小貴族で弁護士の次男として生まれた。ナポレオン1世としてフランス第一帝政の皇帝に即位（在位1804年-1814年）。フランス革命後の混乱を収拾して、軍事独裁政権を樹立した。ライン同盟を結成し、神聖ローマ帝国を解体させるなど、イギリスとオスマン帝国の領土を除いたヨーロッパ大陸の大半を勢力下に置いた。だがライプツィヒの戦いで敗北し、エルバ島に流されるが脱出し100日天下が始まる。ワーテルローの戦いに敗れ、ナポレオンは退位する。セントヘレナ島に流刑後死去。

19日

航空の日（アメリカ）

　ライト兄弟の弟であるオーヴィル・ライト（1871年8月19日-1948年1月30日）の誕生日を記念して、フランクリン・ルーズベルト大統領が1939年に制定したアメリカ合衆国の記念日。オーヴィル・ライトは、ライト家の

四男でウィルバーの弟。1909年、兄弟でライト社を創業する。ウィルバーの死後、1915年にオーヴィルは会社を売却している。その後、会社はグレン・L・マーティンと合併し、今のロッキード・マーティン社となった。

|誕生日| ココ・シャネル（1883年8月19日-1971年1月10日）

　ココ・シャネルは20世紀を代表するフランスのファッシンデザイナーの1人。ファッションブランド"シャネル"の創業者。フランス南西部オーヴェルニュ地方ソミュールの救済病院で生まれる。18歳で孤児院を出た後、田舎町ムーランで歌手になりたいと夢見ながらもお針子として働いていた。帽子店を開業した後、1915年ビアリッツに「メゾン・ド・クチュール」をオープン。

　翌年コレクションを発表し大成功を収める。1924年、後に「シャネルスーツ」と呼ばれるファッションを発表。反ユダヤ主義、ドイツ協力者としてフランス中から非難され、第二次世界大戦中と戦後はスイスに亡命。1954年にパリに戻り、ホテル・リッツに住まいを構え、復帰を果たした。シャネルスーツは女性の社会進出がめざましいアメリカで熱狂的に受け入れられた。コレクションの準備中、87歳で死去。

21日

ニノイ・アキノの日（フィリピン）

　1983年のこの日、ベニグノ・アキノ・ジュニア（ニノイ・アキノ）がフィリピンに帰国し暗殺されたことを記念する祝日。この暗殺で国内のマルコス批判が高まり、マルコス政権の終焉につながった。

23日

奴隷貿易とその廃止を記念する国際デー

　ユネスコが制定した国際デー。1791年8月22日の夜から23日にかけて、フランス植民地のサン=ドマング（現在のハイチ）で、ハイチ革命が始まったことを記念。この革命が、大西洋奴隷貿易廃止の重要なきっかけとなった。

24日

ポンペイ最後の日

　79年8月24日にイタリアのベスビオス火山が大噴火し、ふもとのポンペイ市を埋没し、消滅させたことに由来している。この噴火により火山灰が8

メートル積もり、当時2万人程度いた市民のうち2千人以上が死亡したとされる。これを題材にした小説が、歴史小説家エドワード・ブルワー＝リットンが1834年に発表した『ポンペイ最後の日』である。

バルトロマイの記念日

十二使徒の1人、聖バルトロマイの聖名祝日。聖バルトロマイは十二使徒の1人で、農民・牧人・職人の守護聖者。親友フィリポのすすめでキリストと出会い、5番目の弟子になった。イエスの昇天後、バルトロマイはフィリッポとともにアジアや東方のインドで布教活動を行う。アルメニアで宗教活動を行うが、そこで捕えられ、生皮をはがれて斬首されるという残酷な仕打ちで殉教したと伝えられている。ミケランジェロの「最後の審判」にもバルトロマイの姿が描かれている。

26日

男女平等の日（アメリカ）

1920年のこの日、アメリカ合衆国で女性参政権が認められたことを記念し、1971年に連邦議会が「男女平等の日」として制定した。

人権宣言記念日

1789年のこの日、フランスの憲法制定国民議会で人間と市民の権利の宣言（人権宣言）を採択した。これを記念して制定された記念日。

シルマンデー・ユースホステルの日

ユースホステルの創始者であるリヒャルト・シルマンを記念する日。ドイツの小学校教師であったシルマンは、1909年のこの日、生徒たちと遠足に出かけ、突然の大雨のために小学校で雨宿りをしたが、夜になっても雨はやまず、そこで一夜を明かすこととなった。これがユースホステルの必要性を確信し、創設する契機となったといわれている。

27日

リンドン・ベインズ・ジョンソンの日（アメリカ）

テキサス州出身の第36代アメリカ合衆国大統領リンドン・ジョンソンの1908年の誕生日を記念して制定された州の祝日。リンドン・ジョンソンは、ケネディ大統領が暗殺されたときに副大統領を務めていて、大統領に昇格した。

[この日] 金星探査ロケット・マリナー2号打ち上げ

　マリナー2号は、アメリカ航空宇宙局（NASA）のマリナー計画による金星探査機。3カ月半の飛行を経てミッションを成功させ、惑星のフライバイ（接近通過）に成功した。アメリカ初の成功した惑星探査機となった。

[誕生日] ヘーゲル（1770年8月27日-1831年11月14日）

　ドイツの哲学者。ヨハン・ゴットリープ・フィヒテ、フリードリヒ・シェリングと並んで、ドイツ観念論を代表する思想家である。ヴュルテンベルグ公国の首都シュトゥットガルトに生まれる。13歳で母を失い、テュービンゲン大学で神学・哲学を学ぶ。在学中にフランス革命を経験。ヘーゲルの思想は、優れた論理性から現代の哲学研究も含め、後世にも多大な影響を与えた。観念論哲学及び弁証法的論理学における業績、近代国家の理論的基礎づけなど政治哲学における業績などが知られている。ヘーゲルはベルリン大学にフィヒテの後任教授として招かれ、多くの学生たちの心をとらえた。ヘーゲルの死後、一時期ドイツの大学の哲学教授のポストは、ヘーゲルの弟子（ヘーゲル学派）で占められたという。セーレン・キェルケゴール、カール・マルクスは彼の影響を受け、ヘーゲル哲学を批判的に継承、発展させたといわれている。

28日

聖母の被昇天（正教会）

　この日はマケドニア、セルビア、グルジアにおける祝日となっている。カトリック教会では8月15日を祝日とする。

[この日] ワシントンで人種差別撤廃のデモ行進

　1963年のこの日、アメリカのワシントンで行われた人種差別撤廃を求める市民集会で、キング牧師が有名な「I have a dream」の演説を行う。

　──私には夢がある。いつの日か、ジョージア州の赤い丘の上で、かつての奴隷の子達と、かつての奴隷の所有者達の子達が、兄弟愛というテーブルで席を共にできることを。（「I have a dream」の演説より）

[誕生日] ゲーテ（1749年8月28日-1832年3月22日）

　ヨハン・ヴォルフガング・フォン・ゲーテは、ドイツの詩人、劇作家、小説家、政治家。ドイツを代表する文豪。フランクフルト＝アム＝マインの裕福な市民の長男に生まれる。父は帝室顧問官、母は市長の娘であった。小説『若きウェルテルの悩み』『ヴィルヘルム・マイスターの修行時代』、叙事詩『ヘルマンとドロテーア』、詩劇『ファウスト』など、文学史上に残る重要な作品を残し

た。

29日

核実験に反対する国際デー
　核実験の廃止と核兵器廃絶に向けての啓発活動を行うための記念日。

トート1日（古代エジプト）
　エジプト暦の最初の日のこと。ユリウス暦に換算すると8月29日となる。古代エジプトで、知恵の神トートは時間の管理者とされていた。

スロバキア国民蜂起記念日（スロバキア）
　1944年のこの日、ナチス・ドイツに対するスロバキア民衆の蜂起が始まったことを記念する祝日。

洗礼者ヨハネの斬首の祭日（キリスト教）
　この日はヨハネが斬首された日として祭日となっている。グレゴリオ暦・修正ユリウス暦の使用教会で8月29日。ユリウス暦使用教会では9月11日となる。

30日

強制失踪の被害者のための国際デー
　現在失踪し、どこかに監禁されている人々の境遇に対する人々の関心を高めるための記念日。アムネスティ・インターナショナル、赤十字国際委員会、国際連合人権高等弁務官事務所などが毎年実施している。

【国際デー】

世界母乳育児週間：1日～7日
　1990年、WHOとユニセフ（国連児童基金）は、母乳育児の保護・促進・支援の必要性を「イノチェンティ宣言」として発表した。これを記念し、毎年8月1日から7日は「世界母乳育児週間」と定められ、120以上の国で母乳育児を奨励するためのさまざまな催しが行われている。

【年によって日付が変わる記念日】

メロンの日：第2日曜日
　トルクメニスタンはマスクメロンが国の特産品。特に近年ではテュルクメンバシュメロン（テュルクメンバシュとは、トルクメニスタンの長という意味で、

ニヤゾフ元大統領の別称）の生産量が多い。テュルクメンバシュメロンは香り、味、その大きさから世界でも高く評価されており、これを記念してメロンの日が生まれた。

世界ビール・デー：第1金曜日

2007年にアメリカのカリフォルニア州サンタクルーズで開始された記念日。友人たちと集まってビールを楽しみ、醸造会社などビール製造に関わる人たちに感謝をする日。8月5日に固定だったのが、2013年より8月第1金曜日の変動性になった。

9月 September

　Septemberの語源は、初期ローマ暦では3月を年の始まりとしていたので、ラテン語で7番目の月（Septem）に由来している。
　日本では、9月は長月（ながつき）と呼ぶ。夜が長くなるので「夜長月（よながづき）」からきたという説がある。「寝覚月（ねざめつき）」と呼ぶ場合もある。

|9月の花| リンドウ、芙蓉、桔梗
|誕生石| サファイア（慈愛・誠実・不変・心の成長・高潔）
　　　　ラピスラズリ（成功の保証・幸運・真実）

日本の祝祭日 ▶ 第3月曜日　敬老の日
　　　　　　　23日ごろ　秋分の日

1日

教師の日（シンガポール）

　教師の日は、教師に感謝する日。シンガポールをはじめ世界各国で記念日を定めている。シンガポールでは9月1日を「教師の日」とし、学校は休日になる。教師の日のイベントは前日に行われ、授業は午前中のみとなる。ユネスコでも1994年に、10月5日を世界教師デーと定めて記念行事が行われる。

2日

国慶節（ベトナム）

　1945年のこの日、大日本帝国が東京湾の戦艦ミズーリ号艦上で連合国に対する降伏文書に調印し、第二次世界大戦が終結した。同日、ホー・チ・ミンがベトナム民主共和国（北ベトナム）の日仏両国からの独立を宣言した。

対日戦勝記念日（VJデー）

　1945年のこの日、日本が降伏文書に調印し、連合国が勝利したことを記念した日。中華人民共和国では、翌9月3日を対日勝戦記念日としている。

4日

移民の日（アルゼンチン）

　1949年のこの日、アルゼンチン行政府の政令により移民を称える記念日が制定された。アルゼンチンは19世紀中ごろから移民法の制定により大量のヨーロッパ移民を招いた。1914年ごろには、人口の約3割が先住民系以外の移民であったとされる。

新聞配達の日（アメリカ）

　1833年9月4日、アメリカで10歳の少年（Barney Flaherty）が新聞配達を行った。これがアメリカで最初の新聞配達とされ、この日を記念して「新聞配達の日」が生まれた。

5日

国際チャリティーデー

　国際チャリティーデーでの国連事務総長のメッセージによれば、チャリティーとは「労力や金銭の提供、地域社会や地球の裏側でのボランティア活動、対価を期待しない気遣いや親切といった形でのグローバルな連帯の

表現」であるという。このチャリティーを奨励するために宣言された国際チャリティーデーは、貧しく、弱い立場にいる人々のために一生を捧げたマザー・テレサの亡くなった9月5日にちなんで設けられた。

[この日] 米・エジプト・イスラエル首脳のキャンプ・デービッド会談

　1978年9月5日から9月17日にかけて、アメリカのジミー・カーター大統領が、メリーランド州にある大統領山荘（キャンプ・デービッド）に、エジプトのアンワル・アッ＝サーダート大統領、イスラエルのメナヘム・ベギン首相を招待し、三者会談が行われた。この際の合意にもとづき、翌年3月にエジプトとイスラエルの間に平和条約が結ばれ、シナイ半島がエジプトに返還された。

6日

[この日] マゼランが率いた船団による史上初の世界一周航行成功

　1522年のこの日、1519年に地球一周の旅に出発したフェルディナンド・マゼラン一行の5隻の船のうち、唯一生き残ったビクトリア号がスペインのサンルカール・デ・バラメーダに帰還。世界ではじめて地球一周航行に成功した船となった。出航当時265名いた乗員の中で生還できたのは18名のみ。マゼラン自身も航海の途中で命を落とした。

7日

絶滅危惧種の日（オーストラリア）

　1936年のこの日、オーストラリアのタスマニア州の動物園で飼育されていたフクロオオカミの最後の1頭「ベンジャミン」が死亡し、絶滅した。このことにちなんで、オーストラリアでは「絶滅危惧種の日」を制定し、絶滅危惧種への理解を呼びかけている。オーストラリアは絶滅のおそれのある野生動植物の種の国際取引に関する条約（CITES）の調印国でもある。

[この日] 世界初のクインズベリー・ルールによるボクシングの試合開催

　1892年のこの日、イギリスで「クインズベリー・ルール」を適用した初のボクシング公式試合が開催された。クインズベリー・ルールとは、「リングは一辺が24フィート（7m32cm）の正方形」、「1ラウンド3分」「インターバル1分」「5オンスグローブ着用」など、現在のボクシングの基礎となるルールである。これは、1865年にロンドンアマチュアスレチッククラブのジョン・グラハム・チェンバースによって考案され、第9代クインズベリー侯爵ジョン・ショルト・ダグラスが保証人となって成立した。そのため「クインズベリー・ルール」と

名づけられた。

8日

国際識字デー

　1965年のこの日、イランのテヘランで開かれた世界文相会議において、イラン国王モハンマド・レザー・パフラヴィーが、軍事費の一部を識字教育にまわすように呼びかけた。これを記念して1965年11月17日、ユネスコが識字の重要性をアピールするために、9月8日を国際識字デーとして制定した。

9日

[誕生日] レフ・ニコラエヴィチ・トルストイ（1828年9月9日-1910年11月20日）

　トルストイは、帝政ロシアの小説家、思想家。トゥーラ県ヤスナヤ＝ポリャーナで地主貴族の家に生まれる。8歳までに両親を亡くす。カザン大学を中退後、軍隊に入る。将校としてクリミア戦争従軍。退役後、故郷で農民教育にも携わった。34歳でソフィアと結婚し地主として暮らす。9男3女に恵まれ、幸福な結婚生活をおくりながら、世界文学史上の最高傑作の1つといわれる『戦争と平和』をはじめ、『アンナ・カレーニナ』『イワンの馬鹿』『人生論』『復活』などの作品を書き上げる。世界的名声を得たトルストイであるが、宗教的問題で煩悶し、信念と自分の生活の矛盾に苦しんで、領地や財産を貧困層に分け与え、さまざまな援助を行った。トルストイは、ドストエフスキー、ツルゲーネフと並んで19世紀ロシア文学を代表する文豪であり、その思想は文学のみならず、政治や社会にも大きな影響を与えた。

10日

世界自殺予防デー

　2003年にスウェーデンのストックホルムで、世界保健機関と国際自殺防止協会による世界自殺防止会議が開催された。その席上で、自殺に対する注意・関心を喚起し、自殺防止のための行動を促進する目的で、会議初日の9月10日を「第1回世界自殺防止の日」として制定した。

11日

愛国者の日（アメリカ）

　2001年9月11日に起きたアメリカでの同時多発テロ事件をきっかけに、翌年の2002年から、アメリカではこの日を「愛国者の日」と制定した。

[この日] アメリカで同時多発テロ勃発

　2001年9月11日に、米国国内線の4機が同時にハイジャックされ、乗客もろとも機体が標的に突入した同時多発テロ事件（9.11事件）が発生した。3千人以上の犠牲者を出したこの事件は、航空機が使用された史上まれにみる最大級のテロ事件として、全世界に衝撃を与えた。標的は、ワールドトレードセンターの北棟と南棟、アメリカ合衆国国防総省本部庁舎ペンタゴン。1機はペンシルベニア州ピッツバーグ郊外に墜落し、標的は不明であるがワシントンD.C.の場所だとの見方が有力。イスラム過激派のオサマ・ビンラディンを首謀者とするアルカイーダの犯行であり、飛行機を使った自爆テロという認識が一般的である。このテロにより、その後のアフガニスタン戦争とイラク戦争のきっかけとなった。

12日

国連南南協力デー

　南南協力とは、発展途上国相互の援助のことで、北の先進国から南の途上国へという伝統的な援助を補完するアプローチとして注目が集まっている。1978年のこの日、国連総会で開発途上国間の技術協力を推進する枠組みをまとめた、ブエノスアイレス行動計画が承認されたことから、2004年12月の国連総会で9月12日を南南協力の記念日が制定された。

防衛者の日（アメリカ）

　1814年の9月12日から9月15日にかけて、アメリカのメリーランド州ボルティモアでイギリス軍とアメリカ軍が戦った（米英戦争・ボルティモアの戦い）。その際、イギリス軍からマクヘンリー砦に向けて25時間1千500発から1千800発の砲弾が発射されたが、アメリカ軍はこれを凌いで防衛、イギリス軍を撤退させた。これが、米英戦争終結への転機となった。この戦いを記念して、9月12日は州の祝日となった。また、アメリカ人弁護士フランシス・スコット・キーは、戦いの朝アメリカ軍の星条旗がマクヘンリー砦の上に翻るさまを見て、詩を書き綴った。この詩がのちに「星の煌く旗」として広まり、1931年アメリカ合衆国議会は、この詩をアメリカの国歌（『星条

旗』）に制定した。

13日

世界の法の日
　1965年9月13日から9月20日までアメリカのワシントンで、「法による世界平和第2回世界会議」が開催された。そこで、だれもが正式な法律以外に支配されることはないという「法の支配」の徹底を国際間で進めることで、世界平和を確立させようという宣言がなされた。これを記念して「世界の法の日」が制定された。

プログラマーの日（ロシア）
　2009年7月24日に、プログラマーに対する関心を高め祝福するためにロシア情報技術・通信省により認められた公式な祝日である。コンピュータのデータを扱う単位である8ビットには256通りの表現があることから、1年の初めから256日目にあたる9月13日（閏年の場合は9月12日）を記念日としている。

14日

十字架称賛の日（カトリック教会）
　カトリック教会の十字架称賛祝日。正教会と東方諸教会では、十字架挙栄祭として9月27日に祝われる。（修正ユリウス暦使用教会では9月14日）。正教会では十二大祭の1つとなっている。亜使徒聖大帝コンスタンティン（コンスタンティヌス1世）の母・聖太后エレナがエルサレムで、320年ごろにゴルゴダの丘でキリストが磔にされた十字架（聖十字架）を発見した日を記念する祭日。

　[この日] ソ連の無人探査機ルナ2号が月面に到達
　　1959年のこの日、ソビエト連邦の宇宙探査機ルナ2号が月面の「晴の海」に衝突した。世界で初めて月に到達した宇宙船となる。

15日

国際民主主義デー
　国連は、民主主義の促進と人権ならびに基本的自由の尊重を呼びかけ、民主主義を機能させようとしている人々を支援する日として、毎年9月15日を「国際民主主義の日」と制定した。国際デーの1つ。

[この日] イギリスの世界初の鉄道開通式で人身事故

1830年のこの日、イギリスで世界初の鉄道であるリバプール・アンド・マンチェスター鉄道が開通。開通式典で、招待客の代議士ウィリアム・ハスキソンが、初代ウェリントン公爵アーサー・ウェルズリーに挨拶するため線路を横断しようとして、機関車ロケット号に轢かれて死亡。世界初となる鉄道死亡事故が発生した。

[この日] リーマン・ショック始まる

2008年9月15日に、アメリカの証券大手の投資銀行であるリーマン・ブラザーズが、連邦倒産法第11章の適用を連邦裁判所に申請し倒産。負債総額約6千億ドル（約64兆円）という史上最大の倒産により、連鎖的に世界的金融危機が発生した。この一連の事象を総括してリーマン・ショックと呼ぶ。背景には、2007年のサブプライムローン（サブプライム住宅ローン危機）問題による米国バブル崩壊の兆しがあった。

[誕生日] アガサ・クリスティー（1890年9月15日－1976年1月12日）

アガサ・メアリ・クラリッサ・クリスティ。イギリスのデヴォン州トーキー生まれの推理作家。1920年に『スタイルズ荘の怪事件』でデビューし、85歳で亡くなるまで長編小説66作、中短編156作、戯曲15作、メアリ・ウェストマコット名義の小説6作、アガサ・クリスティ・マローワン名義の作品2作、その他3作を執筆。発表された推理小説の多くは世界的なベストセラーとなり、「ミステリーの女王」と呼ばれた。エルキュール・ポアロ、ミス・マープル、トミーとタペンス夫婦など、だれもが知る名探偵を生み出した。

16日

国際オゾン層保護デー

オゾン層保護のための「ウィーン条約」にもとづき、オゾン層を破壊するおそれのある物質を指定し、その製造、消費および貿易を規制することを目的とした「モントリオール議定書」が、1987年にカナダで採択された。これを記念して、1994年の国際連合総会で、9月16日を「国際オゾン層保護デー」として制定した。

19日

[この日] 赤狩りでチャップリンが、アメリカへの入国を禁止される

1952年のこの日、『ライムライト』のプレミアのためにロンドンに向かってい

たチャールズ・チャップリンは、アメリカ法務長官の命令によりアメリカへ再入国することを拒否され、事実上国外追放された。「赤狩り」の赤とは共産党およびその支持者を指し、国内の共産党員およびその支持者を公職などから追放する動きが活発になった。こうした運動は、率先して「赤狩り」を進めた共和党右派のジョセフ・マッカーシー上院議員の名を取って「マッカーシズム」とも呼ばれる。

21日

国際平和デー（世界の停戦と非暴力の日）

通称ピースデー、世界平和デーとも言う。世界の停戦と非暴力の日。コスタリカの発案により、1981年の国連総会で制定された。当初は国連総会の通常会期の開催日である9月第3火曜日だったが、2002年からは9月21日に定まった。2002年からこの日は、「世界の停戦と非暴力の日」として実施されている。多くの国、政治集団、軍事集団、個々の人々に向けて、この日は敵対行為を停止するように、特に戦地であれば一時的に停戦することを呼びかけている。この記念日をはじめるために、国際連合本部ビルで日本の平和の鐘が鳴らされる。この鐘には当時のすべての加盟国のこどもから集められたコインが融かしこまれている。日本の国会から送られたもので、"世界絶対平和万歳"と刻まれている。

世界アルツハイマーデー

1994年「国際アルツハイマー病協会」（ADI）は、世界保健機関（WHO）と共同で毎年9月21日を「世界アルツハイマーデー」と制定。アルツハイマー病などに関する認識を高め、世界の患者と家族に援助と希望をもたらすことを目的として、アルツハイマー病の啓蒙を実施している。

この日 フランスで君主制廃止、フランス第一共和制が開始

1789年7月14日に勃発したフランス革命は、アンシャン・レジーム（旧体制）を揺るがし、社会の根本的な刷新を要求する強い流れとなった。国王のルイ16世は脱出を図ったが逮捕されて連れ戻された。1792年8月10日のテュイルリー宮殿襲撃によってブルボン王政が倒れ、新たに召集された国民公会によって1792年9月21日に王政廃止と共和制樹立が宣言された。この日から、ナポレオン1世の下で帝政が宣言された1804年5月18日までの間を第一共和制という。

22日

国際ビーチクリーンアップデー

　1985年から、アメリカのサンフランシスコに本部のある海洋自然保護センターが実施している記念日。22日に近い週末に、世界各地の海岸で一斉に海岸のゴミを拾い集め、その数量や種類等を調査する。それによりゴミの発生元や、地球環境への影響をグローバルに捉えることができる。日本でもクリーンアップ全国事務局（JEAN）が1990年から実施。

カーフリーデー

　カーフリーデーとは、都市においてマイカーを使わないことで、都市生活と車の使い方などの問題について考える日。1997年9月9日、フランスのラ・ロシェルで「車のない日」という社会実験の啓発イベントとして始まった。翌年からはフランス環境省の呼びかけで、毎年9月22日に全国的に行われるようになった。2000年には、「カーフリーデー」として欧州委員会の支援プロジェクトとなり、ヨーロッパ中に広がった。さらに、2002年からは9月16日から22日を「モビリティウィーク」として開催されるようになり、2007年からは2千都市が参加する世界的なイベントとなっている。日本では翌23日の秋分の日に行うこともある。

ワン・ウェブ・デー（One Web Day）

　オンライン生活を祝う世界的な記念日。元アイキャン（ICANN）理事のスーザン・クロフォードの提唱で、2006年から始まった。Second Life上で第1回目の記念日の式典が行われた。セカンドライフ（Second Life）は、3DCGで構成されたインターネット上の仮想世界。ユーザーはこの仮想空間で好みのアバターになり、仮想の生活を送ることができる。

[この日] リンカーンによる奴隷解放宣言

　アメリカ合衆国大統領のエイブラハム・リンカーンが、南北戦争中であった1862年9月22日に、連邦軍（北軍）と戦っていた南部連合（南軍）が支配する地域の奴隷たちの解放を命じる宣言を行った。宣言の発布により、ただちに奴隷制度廃止が実現できたわけではなかったが、この宣言は、単に南軍の州を取り戻すだけではなく、奴隷制度の完全な廃止による「完璧な合衆国」をつくるという目標を鮮明にした。また、海外諸国からも奴隷制を廃止しようという米国の新しい取り組みは賞賛され、1つの国として認められる第一歩となった。

[誕生日] マイケル・ファラデー（1791年9月22日－1867年8月25日）

　イギリスの化学者、物理学者。鍛冶職人の子に生まれ、独学で科学研究を志

した。物理学における電磁場の基礎理論を確立した。電磁誘導の法則、反磁性物質の発見、電気分解に関する「ファラデーの法則」、真空放電における「ファラデー暗部」の発見、磁場で偏光面が回転する「ファラデー効果」の発見、ベンゼンの発見など、数々の業績を残している。静電容量のSI単位「ファラッド（F）」はファラデーの名にちなんでいる。ファラデーは高等教育を受けていなかったが、史上最も影響を及ぼした科学者の1人とされている。

23日

[この日] ベルリン天文台のガレによる海王星の発見

1846年のこの日、ベルリン天文台でドイツの天文学者のヨハン・ゴットフリート・ガレは学生のハインリヒ・ルイス・ダレストとともに、フランスの天文学者ユルバン・ルベリエの計算を用いて世界ではじめて海王星を観測し、新惑星であることを確認した。

26日

核兵器の全面的廃絶のための国際デー

2013年9月26日に初の国連総会「核軍縮ハイレベル会合」が開催されたことにちなんで、国連は9月26日を「核兵器の全面的廃絶のための国際デー」に制定した。この日は世界中で、核兵器をなくすためのさまざまな啓発イベントや企画が行われる。

ヨーロッパ言語の日

2001年は、欧州評議会と欧州連合（EU）が共同で実施したヨーロッパ言語の年であった。「ヨーロッパ言語の日」は、ヨーロッパ全域で言語学習を推進することを目的として制定された記念日である。

27日

世界観光デー

1980年世界観光機関は、9月27日を世界観光の日と定めた。これは1970年の同日に「世界観光機関憲章」が採択されたことにちなんでいる。この世界観光機関憲章にもとづき、この日は国際社会における観光への意識を高め、社会的、文化的、政治的、経済的な価値を世界にもたらすために何ができるのかを考え、行動していくことが大切である。

28日

世界狂犬病デー

　世界狂犬病デーは、アメリカおよびイギリスに本部を置く世界的非営利団体（NPO）の狂犬病予防連盟によって組織される国際デーで、ヒトおよび動物への狂犬病の影響について注意を喚起し、予防法に関する情報提供などを行う。9月28日はフランスの細菌学者ルイ・パスツールの命日。パスツールは世界で初めて狂犬病に効果的な弱毒ワクチンを開発した人であり、彼にちなんでこの日が記念日となった。また、世界狂犬病デーは国連の記念活動日に指定されており、世界保健機関（WHO）、汎米保健機構、国際獣疫事務局（OIE）、アメリカ疾病予防管理センター（CDC）、世界獣医学協会などヒトおよび獣医の国際的保健機関にも承認されている。

【年によって日付が変わる記念日】

レイバー・デー（米国）：第1月曜日

　「労働者の日」。連邦政府の祝日の1つで、9月の第1月曜日と定められている。1894年プルマン・ストライキの際に、陸軍と連邦保安官の手で多数の労働者が殺害されるという痛ましい出来事があった。このことで、クリーブランド大統領は、労働者陣営との和解を最優先の政治課題とし、レイバー・デーを連邦の祝日とする法案を議会で成立させた。ストライキが終わってわずか6日後という異例の早さであった。

ソフトウェアの自由の日（SFD）：第3土曜日

　フリーソフトウェアに関する年1回の記念日で、フリーソフトウェアの良さをアピールし、使用することを奨励するなどして、フリーソフトウェアを公教育に広げていくことを目的にしている。

世界老人給食の日：第1水曜日

　オーストラリアで43年間老人に対する食事サービスの活動をしている「ミールズ・オン・ウィールズ」の発案により、「世界老人給食の日」が制定された。日本では全国老人給食協力会が協賛している。単身の高齢者や高齢者夫婦の家庭に食事を届けるサービスとして、老人給食の重要性をPRし、正しい認識と理解を深めるために記念日が設けられた。老人給食サービスは、国内外のどんな地域でも、そこに住む人々が在宅で暮らし続けられるように組織されたサービスで、いわば生命をつなぐサービスといえる。

世界網膜の日：最終日曜日

　スイスに本部を置く国際網膜協会が加盟40数カ国に呼びかけ、毎年9月最終の1週間を網膜週間として一般社会にアピールする。名前もあまり知られていない網膜色素変性症をはじめ、アッシャー症候群やその類縁疾患に対する啓発を、全世界同時に行う目的でキャンペーンが行われている。日本では、1995年から9月の最終日曜日を「世界網膜の日」と定めている。

世界海事デー：最終週の任意の日

　国連により定められた国際デーの1つ。

10月
October

　Octoberの語源は、3月を年の始まりとしている初期ローマ暦では8番目（octo）の月となることに由来している。

　日本では、10月は神無月(かんなづき)と呼ぶ。この月は日本中の神様が出雲大社に集まるとされており、ほかの土地では神様は留守となる、「神無し月(かみなしづき)」に由来するといわれている。

|10月の花| コスモス、ガーベラ
|誕 生 石| オパール（希望・無邪気・潔白）
　　　　　トルマリン（忍耐・希望・寛大）

日本の祝祭日 ▶ 第2月曜日　体育の日

1日

国慶節（中国）

　1949年のこの日、天安門広場で行われた中華人民共和国の建国式典において、毛沢東が中華人民共和国の成立を宣言した。これを記念して、中華人民共和国では、この日から1週間が「十・一」（シー・イー）と呼ばれるゴールデンウィーク（中国では「黄金周」と呼ばれる）となる。

国際高齢者デー

　1990年12月の国連総会で、高齢者の権利や高齢者虐待撤廃などの意識向上を目的として制定された。国際デーの1つ。アメリカでは1978年から9月の第2日曜日をナショナル・グランドペアレンツ・デーとしており、日本でも9月第3月曜日に「敬老の日」という高齢者のための独自の記念日がある。

国際音楽の日

　1977年にチェコで開催された国際音楽評議会総会において制定された記念日。国際的な名バイオリン奏者のユーディ・メニューインが、国際紛争がたえない世界の現状を憂いて呼びかけたことが発端となった。日本でも、1994年11月に公布・施行された「音楽文化の振興のための学習環境の整備等に関する法律」（平成6年11月25日法律第107号）において、10月1日を「国際音楽の日」とすることが定められ翌年から実施されている。

国際コーヒーの日

　2014年3月開催の国際コーヒー機関（ICO）理事会において、10月1日を「国際コーヒーの日」と制定した。ICOは、世界のコーヒーの生産や貿易に関する協定を協議・実施する国際機関。第1回「国際コーヒーの日」は、2015年にイタリアのミラノで開催された第115回ICO理事会期間中のミラノ万博会場からスタートした。日本は1964年より国際コーヒー協定に参加するもICO加盟国ではなかったが、2015年5月15日の参議院本会議で日本が国際コーヒー機関（ICO）に正式に復帰することが採択された。

2日

国際非暴力デー

　2007年6月の国連総会において、インド独立運動の指導者で非暴力を説いたマハトマ・ガンディーの誕生日にちなんで制定した。国際デーの1つ。

ガンディー生誕記念日（インド）

　独立の父と称されるマハトマ・ガンディー（1869年10月2日 – 1948年1月

30日）の生誕を祝う記念日である。インドの祝日となっている。ガンディーは、20代でイギリス領南アフリカ連邦（現在の南アフリカ共和国）で弁護士として開業。南アフリカで弁護士をする傍らで人種差別政策に反対し、公民権運動に参加。帰国後はインドのイギリスからの独立運動を指揮した。それは民衆暴動の形ではなく、「非暴力・不服従」を貫いた運動であった。

3日

東西ドイツ統一の日

　1990年のこの日、東西ドイツが45年ぶりに統一されたことを記念した日。正式には、ドイツ連邦共和国（西ドイツ）に、ドイツ民主共和国（東ドイツ）が編入された日である。

開天節（韓国）

　韓国の国慶日の1つで、紀元前2333年のこの日、檀君王俔が平壌城に都を定め、古朝鮮王国を建国したと伝えられている韓国の建国記念日。

4日

世界動物の日

　1931年に、イタリアのフィレンツェで開催された「国際動物保護会議」で10月4日を「世界動物の日」とすることが決まった。10月4日が選ばれたのは、この日が動物・環境保護の守護聖人であるアッシジのフランチェスコ（フランシスコとも呼ばれる）の聖名祝日であるためである。アッシジの聖フランチェスコは、神の前では人も動物も、あらゆる神によってつくられたものは、神を父とする兄弟姉妹であり平等であると説いた。世界の多くの教会では、10月4日に近い日曜日に動物のための祝福を行う。また、世界各地で動物愛護・動物保護のための活動が行われる。

[この日] ソ連が世界初の人工衛星打ち上げに成功

　1957年のこの日、世界初の人工衛星スプートニク1号が打ち上げられた。この日から10日までの1週間は国際宇宙週間（後述）とされている。

5日

世界教師デー

　1966年のこの日、国際連合教育科学文化機関（ユネスコ）において「教師の地位向上に関する勧告」が調印された。これにちなんで、この日を「教師

の日」と制定した。また、世界各国で教師に感謝する記念日・祝日として「教師の日」が独自に定められている。

6日

この日 中国で江青ら4人組が逮捕され文化大革命が終了

中華人民共和国で、1966年5月から1976年のこの日（終結宣言は翌年8月）まで文化大革命（プロレタリア文化大革命）が続いた。「封建的文化、資本主義文化の批判と新しい社会主義文化の創生」という名目で行われた改革運動のはずが、実際は毛沢東共産党主席の復権のために、民衆や紅衛兵を扇動して政敵の失脚を狙った大がかりな権力闘争であった。中国共産党の幹部、知識人、旧地主の子孫など反革命分子とみなされた層はすべて迫害を受け、つるし上げられた。中国全土で、1億人近くが何らかの被害を被ったといわれ、国内の大混乱と経済の深刻な停滞、貴重な文化財の破壊などをもたらした。文化大革命を指導していたのは毛沢東、林彪、毛沢東の妻の江青ら4人組であった。1976年9月9日毛沢東の死去後、4人組は新政権との対立が激化し、10月6日に4人組が逮捕され、文化大革命が終了した。

9日

世界郵便デー（万国郵便連合の日）

万国郵便連合（UPU）は、最も古い国際連合の専門機関の1つ。加盟国間の郵便業務を調整し、1874年10月9日国際郵便条約により国際郵便制度をつかさどる目的で設立された。本部はスイスのベルン。この万国郵便連合が設立された10月9日を記念して、1969年に「万国郵便連合の日」として制定。1984年には「世界郵便デー」に制定された。万国郵便連合の設立によって、国際郵便の取り扱いに関して、地球上のほぼすべての地域からほぼ固定料金で郵便物が送れること、国際郵便も国内郵便と同じ扱いがなされること、国際郵便料金はそれぞれの国で徴収、使用することなどが合意された。切手を貼った郵便物は、どの国の切手でも国際的に通用することも決められている。

ハングルの日（韓国）

ハングルの日は、別名「ハングル公布の日」、「朝鮮語アルファベットの日」とも呼ばれる。1446年のこの日に、李氏朝鮮国王の世宗がハングルの解説本『訓民正音』を頒布した日。韓国・北朝鮮双方の記念日である。韓国は

10月9日、北朝鮮は1月15日としている。

誕生日 ジョン・レノン（1940年10月9日-1980年12月8日）

　出生名はジョン・ウィンストン・レノン。オノ・ヨーコと結婚後はジョン・ウィンストン・オノ・レノンと改名。ザ・ビートルズを結成したリーダーとして知られる。ヴォーカル・ギター、作詞作曲を主に担当した。ポール・マッカートニーと「レノン＝マッカートニー」として大半の楽曲を製作し多くのヒット曲を生み出す。1970年のビートルズ解散後はイギリスからアメリカに拠点を移し、ソロとして、またオノ・ヨーコとともに平和運動家としても活動した。1980年12月8日23時頃（米国東部時間）、ニューヨークの自宅アパート「ダコタ・ハウス」前で、ファンを名乗る男に銃で撃たれ死亡。死後もその人気と影響力は色あせていない。

10日

世界メンタルヘルスデー

　オランダに本部を置くNGOの世界精神衛生連盟（WFMH）が、1992年にメンタルヘルス問題に関する世間の意識を高め、偏見を取り除いて正しい知識を普及させるために、10月10日を「世界メンタルヘルスデー」と定めた。その後、国連機関の世界保健機関（WHO）も協賛し、正式に国際デーと認められた。この日には、世界各地でメンタルヘルスに関わる啓発イベントなどが行われている。

世界死刑廃止の日

　2002年5月13日、ローマで設立された死刑廃止世界連盟は、司法関係者、地域、労働組合、市民団体などによって構成され、死刑制度廃止に取り組む非営利組織である（2011年現在で121団体が参加）。2003年に、この日を「世界死刑廃止の日」として制定。2007年からは、欧州連合、欧州評議会がこの日を「世界死刑廃止の日」として公式に認定している。

中華民国国慶日（台湾）

　中華民国の建国記念日。別称は双十節、双十国慶、双十慶典。1911年10月10日、清国の武昌で兵士たちの反乱が起きた。これは武昌起義または武昌蜂起と呼ばれ、辛亥革命の発端となる事件であった。この後中国各地に革命運動が広がり、清朝が崩壊して、アジア初の共和国である中華民国が誕生した。この武昌起義を記念して10月10日を国慶日の祝日としている。この日は、国内はもとより、世界各地で華僑による祝賀行事が行われている。

11日

国際ガールズ・デー

　2011年12月19日に、女子児童に対する差別と暴力の撤廃を呼びかける目的で、「国際ガールズ・デー」の創設が国際連合総会で採択された。国際デーの1つ。世界には、女の子であることで社会や家庭で軽視・差別され、ときには危険な目にあっている状況が存在する。「国際ガールズ・デー」の制定は、女の子たちが潜在能力を自由に発揮できるような社会をつくる第一歩となるための役割を担っている。

カミングアウトデー

　10月11日のカミングアウトデーは、自らの性的指向や性自認をカミングアウトしたLGBT（レズビアン、ゲイ、バイセクシャル、トランスジェンダー）の人々を祝福し、社会の認識を向上させる目的で制定された記念日。この日は、世界中のLGBTコミュニティで祝典などが行われる。

12日

コロンブス・デー（ディスカバリーデー／大陸発見記念日／新大陸発見の日）

　1492年のこの日に、スペイン・パロス港からサンタマリア号（3隻の1つ）で航海していたコロンブスが、中米バハマ諸島の1つ（現バハマ諸島ウォトリング島）に到達した。これがヨーロッパ人によるアメリカ大陸発見の端緒となった。「コロンブス・デー」は新大陸発見の記念日。

世界関節炎デー（World Arthritis Day）

　運動器の10年（BJD）活動週間（10月12日～20日）の一環として「世界関節炎デー」の啓蒙活動が行われている。運動器の10年（BJD）の活動週間とは、国連と世界保健機関（WHO）の呼びかけにより世界60カ国以上の政府から支援されている運動であり、具体的には10月12日の世界関節炎デー、10月16日の世界脊椎デー、10月17日の世界外傷デー、10月19日の世界小児運動器デー、10月20日の世界骨粗鬆症デーが制定されている。

13日

国際防災の日

　10月13日は「国際防災の日」。災害に対する備えを充実させ、災害の予防、災害からの被害減少をめざす目的で国際連合が制定した。

14日

世界標準の日

　世界標準またはグローバルスタンダードとは、技術分野における国際工業規格・国際会計基準など準拠すべき枠組みとして、国際的に一定の拘束力を持つ標準とか規格を示すことば。国際標準化機構（ISO）と国際電気標準会議（IEC）が「世界標準の日」の記念日を制定。これまで世界標準を策定してきた人たちに感謝し、労をねぎらう日。

15日

世界手洗いの日

　UNICEF・世界銀行などからなる「せっけんを使った手洗いのための官民パートナーシップ」が2008年から実施。感染症の予防のため、せっけんを使った正しい手洗いの方法を広めるための活動が世界各地で行われる。

農山漁村女性のための国際デー

　世界中の農山や漁村に住む女性の社会的・経済的な貢献を高く評価し、女性たちの担う役割の重要性を社会が再認識するよう呼びかける目的で制定された記念日。国連の定めた国際デーの1つ。

16日

世界食糧デー

　1945年10月16日に国際連合食糧農業機関（FAO）が設立されたことを記念して、1981年に制定。発展途上国などでの食糧不足や栄養失調、飢餓について考える日。

世界脊椎デー

　国際連合とWHOの呼びかけで開始された運動器の10年の活動週間の一環として、10月16日に制定された世界脊椎デーは、世界中で運動器障害（筋骨格系疾患）をはじめとした脊椎疾患への理解と予防を呼びかける日となっている。

オゾン層保護のための国際デー

　「オゾン層保護のための国際デー」は、1987年にモントリオール議定書が採択されたことを記念して、1994年の国際連合総会で定められた記念日。「国際オゾン層保護デー」とも呼ぶ。

ボスの日（米国）

　1958年に、アメリカのパトリシア・ベイ・ハロスキという女性の発案で始まった。彼女は会社を経営していた父のために、経営者と部下の関係を円滑にする方法として、部下が自分たちの上司に感謝をする機会を設けたいと考えていた。これが「ボスの日」の提唱として、アメリカ商業会議所に登録されて広まった。この日が選ばれたのは、彼女がすばらしい上司だと考えていた父親の誕生日だったから。アメリカでは、この日にボスを昼食に招待したり、プレゼントを贈ったりして日ごろの感謝を表す。

誕生日 オスカー・ワイルド（1854年10月16日-1900年11月30日）

　正式名オスカー・フィンガル・オフラハティ・ウィルス・ワイルド。アイルランド出身の詩人、作家、劇作家。ヴィクトリア朝時代のアイルランド・ダブリンの古いプロテスタントの家柄に生まれた。オクスフォード大学に学び、19世紀末文学の寵児として多彩な文筆活動により名声を得る。耽美的・退廃的な作風に特徴がある。結婚して2子をなすが、のちに同性愛を咎められて収監され、出獄後は失意から回復しないままパリで死亡。代表作『ドリアン・グレイの肖像』『サロメ』『幸福な王子』など。

誕生日 ユージン・オニール（1888年10月16日-1953年11月27日）

　ユージン・グラッドストーン・オニールは、アメリカ合衆国の劇作家。有名なアイルランド系俳優のジェームズ・オニールを父に、ニューヨークのホテルで生まれる。アメリカの近代演劇を築いた劇作家として知られる。1936年ノーベル文学賞受賞。『地平線の彼方』でピューリッツァー賞を受賞。1953年、ユージン・オニールは誕生もホテルであったが、死亡したのもボストンのホテルであった。

17日

貧困撲滅の国際デー

　1999年12月の国連総会で、10月17日を貧困撲滅の国際デーとして制定。以前から、フランスを拠点とするNGO「国際運動ATD第4世界」の発案により、多くの国でこの日が「極貧に打ち克つための世界デー」となっていたことから、国連総会でこの日を国際デーとすることが宣言された。

世界外傷デー

　国連の定めた国際デーの1つ。

18日

アラスカ・デー

　アラスカ州には、アラスカ購入に関する2つの記念日が設けられている。その1つが「アラスカ・デー」で、1867年のこの日アラスカの所有権がロシアからアメリカに変更されたことを祝う日。もう1つは、アラスカ購入の交渉に尽力し、3月30日に条約に調印した国務長官ウィリアム・H・スワードを記念する「スワード・デー」（3月の最終月曜日）である。

世界メノポーズデー

　1999年の第9回国際閉経学会で、更年期の健康に関わる情報を全世界へ提供する日として、毎年10月18日を「世界メノポーズデー」とすることが採択された。メノポーズとは閉経のこと。日本でも、「世界メノポーズデー」に合わせて、一般社団法人日本女性医学学会主催の「メノポーズ週間」が設けられ、10月18日～24日の1週間を「メノポーズ週間」としてメノポーズに関する社会的な理解を深める活動を行っている。

19日

マザー・テレサの日（アルバニア）

　宗派を問わずにすべての貧しい人のために献身的に働いたマザー・テレサ（1910年8月26日－1997年9月5日）は、世界が見守る中カルカッタにて87年の生涯を終えた。通常、列福・列聖には対象者の死後数十年かかるところ、ヨハネ・パウロ2世は手続きを早める特例を認めた。そして2003年のこの日、マザー・テレサはヨハネ・パウロ2世により列福された。マザー・テレサの出身地であるアルバニアではこの日を記念して「マザー・テレサの日」としている。

世界小児運動器デー（World Pediatric Bone and Joint Day）

　国連が定めた国際デーの1つ。小児の運動器（骨、関節、筋肉、腱などの身体を支えたり動かしたりする組織・器官の総称）に関して考える記念日。

20日

世界統計デー
　2010年に国連統計委員会（UNSC）は、毎年10月20日を「世界統計デー」とすることを決めた。

世界骨粗鬆症デー
　世界骨粗鬆症デーは、英国骨粗鬆症学会が1996年10月20日に骨粗鬆症の啓発を目的に創設し、その後1997年に国際骨粗鬆症財団（IOF）が引き継いで「世界から骨粗鬆症による骨折をなくす」ことを目標に、地球規模で活動を展開している。IOFは世界の90カ国以上で患者会を通して骨粗鬆症と骨代謝疾患の予防・診断・治療に関する認知度を高めるための世界骨粗鬆症デー・キャンペーンを行っている。

21日

[誕生日] アルフレッド・ノーベル（1833年10月21日-1896年12月10日）
　アルフレッド・ベルンハルド・ノーベルはスウェーデンの化学者、発明家、実業家。ペテルブルグで家業の爆薬製造に従事した後、故郷ストックホルムで当時心臓病の刺激剤であったニトログリセリンの爆薬化から、さらに珪藻土を混合させることで固体化にも成功。ダイナマイトと名づけ特許を得た。これがヨーロッパに瞬く間に普及し、ノーベルは世界最初の国際的持株会社ノーベル＝ダイナマイト＝トラストを設立。巨万の富を得る。生涯独身で、晩年は戦争を否定し、平和運動に関心を寄せた。遺言でスウェーデン王立科学アカデミーに遺産3200万クローネを信託し、現在最も権威ある賞となっているノーベル賞を創設した。

22日

国際吃音理解啓発の日
　1998年に国際吃音者連盟・国際流暢性学会などが10月22日を「国際吃音理解啓発の日」と制定した。この日は、世界に数百万人（総人口の1％）いるとされる吃音や言語障害を持った人に対する理解啓発のための1日である。

24日

国連デー

1945年10月24日、ソ連が国際連合憲章を批准。発効に必要な20カ国の批准が得られたため国連憲章が発効し、この日国際連合が発足した。これを記念して「国連デー」が制定された。国際デーの1つ。

世界開発情報の日

1972年の国連総会で制定された国際デー。1970年のこの日に「第2次国連開発の10年のための国際開発戦略」が採択された。世界の開発戦略情報の収集により、地球全体の開発の調和を考える日。

[この日] 世界恐慌が始まる

1929年10月24日の木曜日、ニューヨーク・ウォール街の株式取引所で株価が大暴落し、世界大恐慌のきっかけとなった。「暗黒の木曜日」とも呼ばれる。当時のアメリカは、第1次大戦の軍需により好景気が続いていたが、景気後退の兆しは始まっていた。10月24日は市場介入によりいったん値を戻したが、5日後の10月29日火曜日にも取引開始と同時に売りが殺到し、「悲劇の火曜日」と呼ばれた。

25日

世界パスタ・デー

1995年のこの日、イタリアで世界パスタ会議が開催されたことを記念して制定された。EUやイタリアパスタ製造業者連合会などが合同でパスタの販売促進キャンペーンを行っている。

[誕生日] パブロ・ピカソ（1881年10月25日-1973年4月8日）

スペインのマラガに生まれ、フランスで制作活動をした画家、彫刻家。画家の子に生まれ、幼児期から画の天分を示していた。マドリード王立美術学校に学び20歳でパリに出て個展を開く。ジョルジュ・ブラックとともにキュビズムの技法を創始し、現代絵画への道を開いた。生涯におよそ1万3千500点の油絵と素描、10万点の版画、3万4千点の挿絵、300点の彫刻と陶器を制作し、最も多作な美術家であると『ギネスブック』に記されている。代表作に「ゲルニカ」「アルルの女」「戦争と平和」「アヴィニョンの娘たち」「2人の裸婦」など。

26日

アンガム・デー（ナウル共和国）

　第一次世界大戦によって、民族の存続に必要最小限の人口1500人を下回っていたナウルの人口が、1932年のこの日に1500人に達したことを記念した日。

27日

テディベアズ・デー

　熊のぬいぐるみテディベアの名前の由来となったセオドア・ルーズベルト米大統領の誕生日が10月27日ということから、この日がテディベアズ・デーとなった。イギリスで始められた記念日で、日本では日本テディベア協会が1997年から実施している。世界中で「心の支えを必要とする人たちにテディベアを贈る運動」が行われている。

世界視聴覚遺産デー

　人類の貴重な文化遺産である映画や映像は、他の芸術・資料と同様に、その保存が世界的な大きな課題となっている。国際フィルムアーカイブ連盟（FIAF）と全世界のFIAF加盟機関は、「動的映像の保護及び保存に関するユネスコ勧告」の採択日である10月27日を祝し、「世界視聴覚遺産デー」を設けて、改めて映画・映像保存の大切さを訴えていく。

28日

[誕生日] ビル・ゲイツ（1955年10月28日-）

　アメリカの実業家、慈善活動家、技術者。マイクロソフト社の共同創業者兼元会長兼顧問、ビル＆メリンダ・ゲイツ財団共同創業者兼共同会長。カスケード・インベストメント共同創業者兼CEO兼会長ほか。シアトルの裕福な家に生まれる。小学校時代はボーイスカウトに入り、ターザンや火星人の話、偉人の伝記が好きな少年だった。IQは160と伝えられている。ゲイツはハーバード大学に入学。そこで後にゲイツの後任としてマイクロソフト社のCEOとなるスティーブ・バルマーと出会う。学生時代からマイクロソフト社を立ち上げ、PCの開発を進めWindowsを発表。Microsoft Windows 95は、1990年代後半には世界1位の市場占有率となり彼の名は一躍世界に知れわたった。2014年現在の推定資産810億ドルで、世界1位である。2008年に経営とソフト開発から退き、財団の慈善活動に専念すると発表。早期に引退し慈善活動に携わることが成功者の美

徳というアメリカの慣習を体現している。

31日

ハロウィン
紀元前5世紀頃にアイルランドに住んでいた古代ケルト族の「万霊の宵祭」が起源。アメリカにハロウィンの慣習を伝えたのもアイルランド移民である。

宗教改革記念日（一部のプロテスタント系教会）
1517年10月31日に、ドイツのマルティン・ルターが、「95カ条の論題」を教会の扉に掲げたことにより、宗教改革の発端となった。

世界勤倹デー
1924年にイタリアのミラノで開催されていた国際貯蓄会議の最終日に、この日を「世界勤倹デー」とすることが決定された。

【国際週間】

世界宇宙週間：4日〜10日
1999年12月の国連総会で制定された国際週間。1957年に世界初の人工衛星スプートニク1号が打ち上げられた10月4日から、1967年に宇宙条約が発効した10月10日までの1週間に開催。

軍縮週間：24日〜30日
国連軍縮週間：1978年に第1回軍縮特別総会が開催された際、国際連合が発足した10月24日から1週間を国連軍縮週間にすることを決定。この期間は国家・国際機関・NGO等の各主体が軍縮に関して具体的な行動をとることを奨励している。

オープンアクセスウィーク：最後の完全な週
オープンアクセスとは、主に学術情報の提供に関して使われる言葉で、学術情報や学術雑誌に掲載された論文を、インターネットを通じて誰でも無料で閲覧可能な状態に置くことをいう。自由な再利用も認められる。オープンアクセスウィークは、10月最後の完全な週に、世界中の多数の場所でオンライン・オフラインの両方で開催されている。

【年によって日付が変わる記念日】

世界ハビタット・デー（World Habitat Day）：第1月曜日

　国際連合人間居住計画（ハビタット）では、毎年10月第1月曜日を世界ハビタット・デーと定め、都市問題や居住環境に関する議論を喚起する取り組みを世界的に行っている。また、人口増加、急激な都市化による居住環境の問題について啓発活動を行う。

コロンブス・デー：第2月曜日

　1492年、クリストファー・コロンブスが北アメリカ大陸に到着したことを記念して定められた記念日。アメリカ合衆国における祝祭日の1つ。

国際防災デー：第2水曜日

　国際防災デーは、自然災害の軽減を目的とした記念日。1989年12月の第44回国際連合経済社会理事会の決議により、毎年10月の第2水曜日に定められている。国際的な協調による一致した行動を取ることで地震、火山噴火、風水害、土砂崩れ、森林火災、台風、虫害、干ばつ、砂漠化その他の自然災害の被害から人命や財産、社会的秩序を守ることを呼びかける日である。

11月
November

　Novemberの語源は、3月を年の始まりとしている初期ローマ暦では9番目（novem）の月となることに由来している。

　日本では、11月は霜月(しもつき)と呼ぶ。11月は霜の降る季節「霜降月」から「霜月」になったという説がある。

|11月の花|＞　ブバリア、菊
|誕生石|＞　トパーズ（忠誠・友情）

日本の祝祭日 ▶ 11月 3日　文化の日
　　　　　　　11月23日　勤労感謝の日

1日

諸聖人の日（万聖節）

　カトリック教会の祝日の一つで、カトリック教会の典礼暦で11月1日となる。全ての聖人と殉教者を祝う日。「万聖節」とも呼ばれる。カトリック教会だけでなく、聖公会や正教会などキリスト教の他の教派でも、「諸聖人の日」と同様の祝日・祭日を定めている場合がある。

死者の日（メキシコ）

　ラテンアメリカ諸国における祝日の1つで、特にメキシコにおいて盛大に祝われる。祝祭は11月1日の諸聖人の日と翌日の2日、前夜祭として10月31日の晩にも行われる。死者の日に家族や友人たちが集まり、故人への思いを込めて語り合う。11月1日はこどもの魂が戻る日、2日は大人の魂が戻る日とされ、それぞれの日にチョコレートなどのお菓子やお酒を供える。街中にマリーゴールドの香りが溢れ、公園には露店が立ち並ぶ。墓地にも派手な装飾が施され、夜間にはバンドによる演奏なども行われる。ハロウィンのように仮装をしてパーティを行うなど、死者の日は明るく楽しく祝うというのが特徴である。

世界ヴィーガン・デー

　ヴィーガンとは「純粋菜食者」の意味。いっさいの酪農製品を食べないベジタリアンのことである。このヴィーガンのための記念日は、国連により定められた国際デーの1つとなっている。

2日

ジャーナリストへの犯罪不処罰をなくす国際デー

　世界中で、報道記者が職務中に脅迫や暴力を受けたり、殺害される事件が増えている。しかし、さまざまな理由で、捜査が適切に行われないとか、実行犯と扇動者が処罰を逃れているといった現状がある。国際デーのこの日は、世界中でこの問題への理解を深める日。

4日

ユネスコ憲章記念日

　1945年11月16日、44カ国の代表が集いロンドンで開催された国連会議において、「国際連合教育科学文化機関憲章」（ユネスコ憲章）が採択された。翌年1946年11月4日に、ユネスコ憲章が発効し、国連教育科学文化機関

（ユネスコ）が設立された。ユネスコが発足したこの日を記念日として制定。

[この日] エジプト・ツタンカーメン王の墓発見

　イギリスのカーナヴォン卿の支援で、1916年からエジプト"王家の谷"発掘調査に従事していた考古学者ハワード・カーターが、1922年のこの日、ツタンカーメン王の墓を発見した。ツタンカーメン王は紀元前14世紀、古代エジプト第18王朝のファラオ。

5日

世界津波の啓発デー（世界津波の日）

　2015年12月4日に、アメリカ・ニューヨークの国連総会第2委員会において、11月5日を「世界津波の日」とする142カ国の共同提案による決議案が採択された。東日本大震災を受けて制定された日本の「津波防災の日」が11月5日であることにちなんで、この日が選ばれた。

ガイ・フォークス・ナイト

　1605年11月5日（ユリウス暦）、イングランド国教会が優遇されていた時代、弾圧されていたカトリック教徒のガイ・フォークスらは、上院議場の地下に仕掛けた大量の火薬で、開院式に出席する国王ジェームズ1世らを爆殺する陰謀を企てたが、実行寸前に発覚。計画は失敗に終わった。これにちなんで、11月5日は「ガイ・フォークス・ナイト」として、花火や焚火などで祝う祭事がイギリス各地で開催されている。この日、こどもたちはガイ・フォークスの人形を作ってパレードをし、その途中でお菓子やお金をもらう風習がある。イギリスではハロウィンよりもなじみのある祭りである。世界的なハッカー集団「アノニマス」が、ガイ・フォークスの仮面をかぶっていることでも有名。

6日

戦争と武力紛争による環境搾取防止のための国際デー

　2001年1月1日の国連総会で制定された国際デーの1つ。

7日

[誕生日] マリ・キュリー（1867年11月7日-1934年7月4日）

　マリー・スクウォドフスカ＝キュリー。物理学者・化学者。ポーランド（当時はポーランド立憲王国）出身。ピエール・キュリーの妻。ワルシャワの両親

ともに教育者の家で、5人兄弟の末娘に生まれる。家庭教師などで学費を貯めて、24歳でパリ大学に留学。ピエール・キュリーと結婚後、夫妻で協力して放射能の研究を進める。1903年放射能の研究で、夫とベクレルとともにノーベル物理学賞受賞、夫が不慮の事故で死亡後、1911年にラジウムおよびポロニウムの発見とラジウムの性質およびその化合物の研究でノーベル化学賞を受賞した。のちに娘夫婦の受賞を加えると、家族で通算5度のノーベル賞を受賞することになる。

8日

世界都市計画の日

アルゼンチンの都市計画家・都市計画学者として、多数の都市開発に関する政策提言に取り組んだカルロス・パオレーラ教授が、1949年に「世界都市計画の日」を提唱。日本でも、公益財団法人都市計画協会が11月8日の「世界都市計画の日」に合わせて、1965年から都市計画の普及・啓発を目的とした講演および意見交換会を実施している。

9日

[この日] ドイツ11月革命・共和制の樹立を宣言

1918年11月にドイツ革命が勃発。大衆蜂起により皇帝ヴィルヘルム2世が退位し、ドイツ帝国の終焉を迎えた。11月9日、社会民主党のフィリップ・シャイデマンが共和制の樹立を宣言。翌年2月にはドイツ史上初の議会制民主主義によるヴァイマル共和国が樹立された。

10日

平和と開発のための世界科学デー

国連ならびに国際機関の制定による国際デーの1つ。

[誕生日] マルティン・ルター（1483年11月10日-1546年2月18日）

ドイツの聖職者・宗教改革者。信仰を重視したルター派の創始者。ドイツのザクセンのアイスレーベンに生まれる。ヴィッテンベルク大学で神学教授に就任し、『新約聖書』のパウロの『ローマ人への手紙』にある「神の義」の解釈を見直し、「信仰のみが人間を義とする（正しいものである）」との理解に到達した。おりから始まった教皇レオ10世による状（免罪符）の販売に対し、ルターは「95カ条の論題」として学問上の疑問点をビッテンベルク城付属教会の門扉

に貼り公表。これにより宗教改革の口火がきられ、ヴォルムス国会に召喚されるが、「私がここに立つこと以外は何もできない。神よ助け給え」と述べ、法律の保護下からの追放刑を受ける。隠遁生活の中で進めた『新約聖書』のドイツ語訳は、近代ドイツ語の成立に大きな影響を与えるなど、宗教史上のみならず、ヨーロッパ文化や思想にも大きな足跡を残した。自ら賛美歌をつくり、礼拝の場で賛美歌の歌唱を奨励した。カタリナ・フォン・ボラという元修道女と結婚したことで、プロテスタント教会における教職者の結婚という道筋をつくった。

11日

聖マルティヌスの日

11月11日は、トゥールの聖マルティヌスを記憶する聖名祝日。言語の違いで「聖マーティンの日」「サン・マルタンの日」などとも呼ばれる。聖マルティヌスの日は、収穫祭が行われる日であり、冬の始まりの日ともされる。

リメンブランス・デー

1918年のこの日は、第一次世界大戦が停戦した日。これを記念して、ヨーロッパ各地でこの日を祝日や記念日としている。リメンブランス・デーはイギリス・カナダの「戦没者追悼記念日」。アメリカでは「退役軍人の日」、フランス・ベルギーでは「休戦記念日」としてこの日を祝う。ポーランドでは、第一次世界大戦の終結により、旧ドイツとソビエト連邦から領土が割譲されて、ポーランド共和国として独立したことを記念する「独立記念日」となっている。

カート・ヴォネガットの日

アメリカの小説家・劇作家カート・ヴォネガットの誕生日にちなんでニューヨーク市が制定した記念日。代表作としてSF小説『タイタンの妖女』『猫のゆりかご』『スローターハウス5』など、シニカルでユーモアに満ちた文章に定評がある。現代アメリカ文学を代表する作家の1人。

誕生日 ドストエフスキー（1821年11月11日-1881年2月9日）

ロシアの小説家・思想家。モスクワの貧民救済病院の外科医の次男として生まれる。サンクトペテルブルク陸軍中央工兵学校に入学し、卒業後は工兵隊製図局に勤務するが約1年で退職し、作家を目指す。処女作『貧しき人々』が批評家から絶賛される。1849年、社会主義の研究サークルが弾圧されたペトラシェフスキー事件に連座して死刑判決を受けたが、皇帝の赦免状によりシベリア流

刑に減刑される。4年の囚人生活と6年の兵役を経てペテルブルクに戻り、獄中体験を発表した。革命運動や無神論から脱却してキリスト教によりどころを見出す。『罪と罰』『白痴』『悪霊』『未成年』『カラマーゾフの兄弟』などを次々と発表し、世界的名声を得る。鋭いリアリズムによる人間の魂の苦悩と救済を描いた19世紀後半のロシア文学を代表する文豪である。

13日

[この日] パリ同時多発テロ事件

　2015年のこの日、フランスのパリ市街と郊外のサン＝ドニ地区の飲食店や劇場において、イスラム過激派組織であるISIL（イスラム国ないしIS）の戦闘員と見られる8人のテロリストによる銃撃および爆発が同時多発的に発生した。死者130人、負傷者300人以上を出したテロ事件である。

14日

世界糖尿病デー

　1991年、国際糖尿病連合（IDF）と世界保健機関（WHO）が制定し、2006年12月の国連総会で「糖尿病の全世界的脅威を認知する決議」が採択され、「世界糖尿病デー」が国際デーの1つとして定められた。この日は、インスリンを発見したカナダ人医師、フレデリック・バンティングの誕生日にちなんでいる。当日は、世界各地で糖尿病に関するイベントやシンポジウムなどが開催され、ブルーライトアップの催しが行われる。

[誕生日] モネ（1840年11月14日－1926年12月5日）

　印象派を代表するフランスの画家。パリで商人の子に生まれる。パリのアカデミー＝スイスに学び、アルジェリアの兵役を病気で除隊後、パリでマネ、ルノワール、ドガらと知りあう。普仏戦争を避けてロンドンに行き、風景画家ターナーの作品に感銘を受ける。帰国後は、ルノワールやマネらとともに「第1回匿名家教会展」を開き、『印象――日の出』を出品。ルノワールやセザンヌなどは徐々に印象派の技法と離れていくが、モネは印象派の技法を追求し続けた。モネは「光の画家」と呼ばれ、『ルーアン大聖堂』や『国会議事堂』など、同じモチーフを異なった時間、異なった光線の下で描いた連作を多数制作している。中でもモネの代表作である『睡蓮』は1899年より1926年に亡くなるまで200点以上制作された。

16日

国際寛容デー

　1995年のこの日、ユネスコ総会で「寛容原則宣言」と「国連寛容年のためのフォローアップ計画」が採択された。これを記念し、1996年12月の国連総会で「国際寛容デー」として制定された。

17日

国際学生の日

　1939年のこの日、チェコスロバキアに侵攻していたドイツ軍が学生のデモ行進を鎮圧し、教授2人と学生9人を殺害した。1942年の同日に、ワシントンに世界各国の学生の代表が集まって、学生運動による犠牲者を追悼し、この日を記念日とすることを宣言した。

肺がん撲滅デー

　2000年9月に東京で開催された国際肺癌学会で、この記念日が制定された。アメリカで11月の第3週が「たばこ警告週間」となっていることから、この日が選ばれた。

[この日] リヴィングストンがヨーロッパ人で初めてヴィクトリア滝に到達

　1855年のこの日、イギリスの宣教師であり探検家のデイヴィッド・リヴィングストンが、ジンバブエ共和国とザンビア共和国の国境にある滝モシ・オ・トゥニャ湖に到達し、この滝にヴィクトリア女王の名前を冠した。ヴィクトリアの滝は、イグアスの滝と並んで世界最大級の滝。現在ユネスコの世界遺産に登録されている。リヴィングストンは、当時「暗黒大陸」と呼ばれていたアフリカ大陸をヨーロッパ人で初めて横断した人。アフリカでの奴隷解放へ向けて働きかけた人物でもある。

[この日] スエズ運河開通

　1869年11月17日午前8時に、スエズ運河は開通した。スエズ運河は地中海と紅海（スエズ湾）を結ぶ、海面と水平な人工運河。ヨーロッパ中から1000名以上の賓客が出席した開通式は、当時「東と西の結婚」と形容された。

19日

国際男性デー

　国際男性デーは、11月19日を男性の記念日とする国際的なイベントで、世界36カ国が参加している。国際男性デーの目的は、映画スターやスポー

ツ選手のような男性だけでなく、正しくまじめに生活している男性なども含めた正しい男性のロールモデルを促進すること、社会・コミュニティ・家庭での男性の積極的な貢献を祝うこと。男性の健康と精神的幸福に焦点をあてること。あらゆる場面・分野における男性に対する差別を明らかにすること。男女平等の推進。最終的に人々が安全で成長できる世界を構築することなどである。

世界トイレデー

シンガポールに本部があるNPOの世界トイレ機関（World Toilet Organization）が、2001年のこの日に設立されたことにちなんで、11月19日を「世界トイレデー」に制定した。地球規模で健康・衛生問題への関心を持ってもらうための記念日である。2013年7月には国連も「世界トイレデー」を国際デーと定めた。2014年の世界トイレデーに寄せられた国連事務総長のメッセージによれば、衛生施設が改善すれば、よりよい健康と安全を得られる女性と女児は、全世界で12億5千万人にも上る。全世界で、女性の3人に1人が安全なトイレを使えず、排せつ場所を探しているときに暴力を受ける危険にも直面しているという。2025年までに屋外排せつをなくすため、全世界の取り組みが求められている。

20日

世界こどもの日

1954年の国連総会で制定された国際デー。1959年に児童の権利に関する宣言が採択された。その30周年に合わせて1989年の11月20日に、児童の権利に関する条約、通称「こどもの権利条約」が採択された。

ここでいう児童とは、18歳未満の者のことで、18歳の誕生日を迎えるまでのすべての者は、児童の権利に関する条約の適用を受ける。

アフリカ工業化の日

アフリカの工業化に対する理解を深め、国際社会の支援・協力を促すための日。1989年の国連総会で制定された国際デー。

トランスジェンダー追悼の日

1998年11月28日、アメリカマサチューセッツ州で、トランスジェンダーであることを理由に殺害されたリタ・ヘスターを追悼するための記念日。トランスジェンダーの尊厳と権利について考え、社会に対して主張や運動を行う国際的な記念日でもある。

21日

世界テレビ・デー
　1996年のこの日、国連において「第1回世界テレビ・フォーラム」が開催された。これにちなんで1996年12月の国連総会で記念日に制定された。国際デーの1つ。

世界ハロー・デー
　1973年10月のイスラエルとアラブ諸国との間に起こった第四次中東戦争をきっかけに、制定された記念日。この日に、1人が10人の人にあいさつをすることで、あいさつの輪が広がり、世界の指導者たちに「紛争よりも対話を」とのメッセージを伝えようとする日。アメリカのアリゾナ州立大学のブライアン・マコーマック博士やマイケル・マコーマックが提唱、推進している活動。現在では180カ国に活動が広まっているという。

22日

この日　ケネディ大統領暗殺
　1963年11月22日の金曜日、現地時間12時30分にテキサス州ダラス市内でパレード中に第35代アメリカ合衆国大統領ジョン・F・ケネディが銃撃され、死亡した。リー・ハーヴェイ・オズワルドが犯人とされ逮捕されるが、2日後にダラス警察署の中でジャック・ルビーに撃たれて殺される。裁判の場に立つことはなかった。のちのウォーレン委員会の公式調査報告で、オズワルドの単独犯行として結論づけたことに数々の疑惑が寄せられた。長年にわたって真相究明に向けた議論が続いている。

24日

進化の日
　1859年のこの日に、チャールズ・ダーウィンの『種の起源』の初版が刊行されたことを記念して設けられた日。

25日

女性に対する暴力撤廃の国際デー
　1999年12月17日の国連総会で、女性への暴力根絶のために制定された記念日で、国際デーの1つ。この日は、殴られたり、ドメスティック・バイオレンスや性犯罪など、女性に対するあらゆる暴力行為をなくすために、さま

ざまな啓蒙活動が行われる。

27日

ノーベル賞制定記念日

　1895年のこの日に、スウェーデンの化学者アルフレッド・ノーベルが、自身のダイナマイトで得た巨額の財産を人類の平和に寄付するという遺言状を書いた。これにちなんで記念日が制定された。

29日

パレスチナ人民連帯国際デー

　1977年に国連総会で、11月29日が「パレスチナ人民連帯国際デー」と定められた。現在、イスラエルという国は存在するが、パレスチナという国は存在していない。パレスチナの人々も、独立の存続可能なパレスチナ国家を設立し、イスラエルと平和かつ安全に共存する権利を有している。国際デーは、この問題について考える一助となる役割を担っている。この問題の背景は、国連が1945年に設立されたとき、キリスト教徒、ユダヤ教徒およびイスラム教徒の聖地であるパレスチナの土地は、英国が1922年から国際連盟の委任による統治を行っていた。1947年に英国の委任統治が終わり、11月29日に国連総会はイスラエルとパレスチナの2国間共存という和平ビジョンを打ち出した（聖都エルサレムについては特別な国際的地位を認めるとする）。この国連総会のパレスチナ分割に関する決議が出された日を、「パレスチナ人民連帯国際デー」としている。1948年のイスラエルと近隣アラブ諸国との間の戦争とイスラエルによるパレスチナ占領地への入植で、多くのパレスチナの人々が家を追われ、難民となった。今日国連パレスチナ難民救済事業機関（UNRWA）に登録している難民は490万人といわれる。国連をはじめ国際社会の和平への取り組みとして、2国間解決策の模索が続いている。

30日

シティーズ・フォー・ライフの日

　世界の1600以上の都市で行われる死刑制度廃止運動。神聖ローマ皇帝レオポルト2世が、ヨーロッパでは初めて死刑を廃止した日が、11月30日であったことから、この日が記念日となった。この日の夜に、参加都市は街のモニュメントや名所などをライトアップし、死刑制度の廃絶をアピールす

る。

【国際週間】

科学と平和の国際週間：9日〜15日（11月11日を含む週）

1986年にドイツの情報科学者ブラムホフの提唱による「科学者による国際平和週間」がその始まりとされている。1988年12月の国連総会で「科学と平和」の決議が採択され、「科学と平和の国際週間」と名称も新たに制定された。科学者と市民が力を合わせて、科学を破壊目的ではなく平和・安全・人類の福祉に役立てるために利用することを目的としている。

【年によって日付が変わる記念日】

世界哲学の日：第3木曜日

2002年にユネスコの公認日として、11月の第3木曜日を「世界哲学の日」とすることが定められた。

世界道路交通犠牲者の日：第3日曜日

交通事故や交通犯罪の発生予防、被害者の救済のための啓発ならびに交通犯罪予防の取り組みの重要性を啓発するための活動を行う国際デー。2005年10月26日の国連総会決議で毎年11月の第3日曜日と定められた。もともとイギリスのNGO団体が、1993年から実施していた活動に由来する。この活動がヨーロッパを中心に支持が広がり、世界保健機関が共同提唱するかたちで、国際的な取り組みとなった。

国民哀悼の日（ドイツ）：第3日曜日

戦没者ならびにナチスの暴力支配の犠牲者を追悼する記念日。1993年より毎年11月第3日曜日に大統領、政府閣僚、ベルリン駐在の各国外交団の臨席のもと国民哀悼の式典がとり行われる。「ドイツ戦没者慰霊の日」、「国民追悼の日」と訳する場合もある。

大統領選挙の日（米国）：第1月曜日の翌日の火曜日

アメリカ合衆国の公職選挙の日。11月の第1月曜日の翌日の火曜日に設定される。最も早い日程では11月2日、最も遅い日程では11月8日となる。アメリカ合衆国連邦政府（大統領、副大統領、議会）のための選挙は偶数年に開催される。大統領選挙は4年ごとに4で割り切れる年に行われ、大統領および副大統領を選ぶ選挙人団が州ごとに選ばれる。下院と上院の選挙は2年ごとに行われ、上院議員の任期は6年。3分の1ずつ改選する。全ての下院議員の任期は2年。2

年ごとに立候補する。大統領候補者の総選挙では中間選挙の票数は関係しない。大統領と副大統領の就任式は通常1月20日に行われ、任期は1月からの1年ごとに計算する。

12月 *December*

　Decemberの語源は、3月を年の始まりとしている初期ローマ暦では10番目（decem）の月となることに由来している。
　日本では、12月は師走（しわす）と呼ぶ。この月は、僧が忙しく走りまわる月であることから、「馳走（はせはしる）」「師走（しはす）」となったという説がある。

|12月の花| カトレア、ストレチア
|誕 生 石| ターコイズ（成功）

日本の祝祭日 ▶ 23日　天皇誕生日

1日

世界エイズデー

1988年に世界保健機関（WHO）が、世界規模でのエイズ蔓延の防止、エイズ患者やHIV感染者に対する差別や偏見を取り除くことを目的とし、世界エイズデーを制定した、国際デーの1つ。

2日

奴隷制度廃止国際デー

1949年のこの日、国際連合総会の決議「人身売買及び他人の売春からの搾取の禁止に関する条約」が採択されたことにちなんで制定された。国際デーの1つ。

原子炉の日

1942年のこの日、アメリカのシカゴ大学に設置された実験用小型原子炉シカゴ・パイル1号（CP－1）において、世界で初めて原子核分裂の連鎖反応の制御に成功した。「原子炉の日」はこれを記念して制定された記念日。世界最初の原子炉であるCP－1は、多くの放射性同位元素を作り、1938年にノーベル物理学賞を受賞したエンリコ・フェルミが、シカゴ大学で世界最初の原子炉として完成させたものである。この原子炉は原子爆弾の材料となるプルトニウムを生産するために使用された。

3日

国際障害者デー

1982年12月3日に開催された第37回国際連合総会において、「障害者に関する世界行動計画」が採択された。これを記念して、毎年12月3日を「国際障害者デー」とすることが、1992年の第47回国際連合総会において宣言された。国際デーの1つ。

4日

血清療法の日

1890年のこの日、ドイツ医学週報第49号に「動物におけるジフテリア免疫と破傷風免疫の成立について」をエミール・ベーリングと北里柴三郎が共著として発表した。これは血清療法開発につながる発見であった。この日にちなんだ記念日である。

5日

経済・社会開発のための国際ボランティア・デー

　世界中の経済と社会開発の推進のため、ボランティアの役割・貢献を再認識し、社会のあらゆる層からのボランティア参加への啓発活動を行うことにちなんだ記念日である。

国際土壌デー

　国際連合食糧農業機関（FAO）に事務局をおく地球土壌パートナーシップ（GSP）の第1回総会で、国際土壌デーの制定が承認された。この国連総会では、適切な土壌管理が加盟各国の経済成長、貧困撲滅、女性の地位向上などの社会経済的な課題を乗り越えていくためにも重要であるとの共通認識が確認され、12月5日を世界土壌デーとし、2015年を国際土壌年とする決議が採択された。

聖ニコラオスの日の前夜祭

　12月6日の聖ニコラオスの日の前夜祭。ニコラオス（270年頃－345年または352年12月6日）は、キリスト教の主教（司教）、神学者。小アジアのローマ帝国リュキア属州のパタラの町に生まれ、リュキアのミラで大主教をつとめた。正教会での正式な呼び名は「ミラ・リキヤの大主教奇蹟者聖ニコライ」。各国語によって呼び方が異なる。ギリシア語でニコラオス、ラテン語・ドイツ語でニコラウス、英語でニコラス、ロシア語でニコライとなる。聖ニコラウスの聖名祝日は6日であるが、国によっては12月5日の前夜祭が重要な祭日となる。聖ニコラオスは、多くの奇蹟を行い弱い者を助けたという聖伝が多く、今も篤く崇敬されている。

誕生日　ウォルト・ディズニー（1901年12月5日－1966年12月15日）

　本名はウォルター・イライアス・ディズニー。一族はアイルランドからの移民。ユニオン・パシフィック鉄道の鉄道員の子としてアメリカのシカゴで生まれた。第一次世界大戦後、商業デザイナーとして働きながらアニメーション映画の制作を目指す。1928年に初の音声入りアニメーション映画『蒸気船ウィリー』で成功。世界的に有名なキャラクターとなる「ミッキー・マウス」も登場する。1955年にはカリフォルニア州アナハイムにテーマパークの「ディズニーランド」を開園。1923年10月16日兄のロイ・オー・ディズニーと共同で設立したウォルト・ディズニー・カンパニーは今や国際的な大企業に成長した。

6日

ミラの聖ニコラウスの祝日

　12月6日は、聖ニコラウスの聖名祝日。子供・結婚前の若い女性・商人・質屋・薬剤師・ロシアの守護聖人である聖ニコラウスの聖名祝日。聖ニコラウスは海運の守護聖人であり、海運国オランダやドイツなどでも崇敬を集めている。オランダ、フランデレンでは、ニコラウスはシンタクラースと呼ばれている。また、教区の貧しい娘の家に司祭ニコラウスがひそかに持参金を投げ入れたという伝承があることから、サンタクロースはこの伝承が起源になっているという説がある。

7日

国際民間航空デー

　1944年のこの日に「国際民間航空条約」により、国際連合経済社会理事会の専門機関の1つである国際民間航空機関（ICAO）の設立が決定した。1992年、ICAO総会で12月7日の「国際民間航空デー」が制定され、1994年から実施されている。

9日

国際腐敗防止デー

　2003年のこの日に、腐敗の防止に関する国際連合条約が調印されたことを記念して、「国際腐敗防止デー」が制定された。国際連合腐敗防止条約とは、公務員の汚職などの腐敗や、賄賂、横領、資金洗浄を含む経済犯罪を防止するための条約である。国際組織犯罪防止条約を補完する役割もある。

[この日] 国連の障害者の権利に関する決議が採択

10日

世界人権デー

　1948年12月10日にパリで行われた第3回国連総会で、「世界人権宣言」が採択されたことを記念して、1950年の国連総会で「世界人権デー」を制定。国際デーの1つとなっている。日本では、この日までの1週間を「人権週間」としている。

ノーベル賞授与式の日

　ノーベル賞は、ダイナマイトの発明者アルフレッド・ノーベルの遺言に

従って、1901年から始まった世界的な賞である。ノーベル賞の授与式は、ノーベルの命日に執り行われる。「平和賞」を除く5部門はスウェーデンのストックホルムのコンサートホールで、「平和賞」はノルウェーのオスロの市庁舎で行われ、受賞者には、賞金の小切手、賞状、メダルがそれぞれ贈られる。

11日

国際山岳デー（国際山の日）

2003年の国連総会で制定された国際デー。国際社会が山岳地域の環境保全に留意し、持続可能な開発について考える日とされている。

14日

南極の日

1911年12月14日に、ノルウェーの探検家ロアール・アムンセンと4人の隊員が人類初の南極点到達を果たしたことを記念して制定。アムンセンは、同行のオスカー・ウィスチングとともに、人類史上初めて北極と南極の両極点への到達に成功している。

15日

ザメンホフの日（エスペラント語版、英語版）

エスペラントの考案者であるルドヴィコ・ザメンホフの誕生日ならびに彼の業績を祝う日。エスペラントとは、ルドヴィコ・ザメンホフが考案した人工言語で、母語の異なる人々の間での意思伝達を可能にするための国際補助語としては、最も世界的に認知されているといえる。エスペラントは、ザメンホフにとって、単なるコミュニケーションの道具にとどまらず、異なる人々や文化の平和的な共存を目指すための手段であった。

16日

和解の日（南アフリカ共和国）

1994年にアパルトヘイトが廃止されたことを記念して制定された。もともと12月16日は、1838年のこの日にブラッドリバーの戦いで白人（ブール人）がズールー王国に勝利したことを記念した誓いの日であったが、アパルトヘイトが廃止されたことに伴い、この日を「白人と有色人種の和解の日」

とすることになった。

17日

飛行機の日

　1903年12月17日、アメリカ・ノースカロライナ州のキティホークでライト兄弟が人類初の動力飛行に成功した。この日を記念して「飛行機の日」となった。

　[誕生日] ルートヴィヒ・ヴァン・ベートーヴェン（1770年12月16日頃-1827年3月26日）
　ドイツの作曲家。J. S. バッハ、モーツァルト等と並んで音楽史上最も重要な作曲家であり、日本では「楽聖」とも呼ばれる。古典派音楽の集大成かつロマン派音楽の先駆けとされている。神聖ローマ帝国ケルン大司教領（現ドイツ領）のボンにおいて、宮廷歌手であった父ヨハンと、宮廷料理人の娘である母マリア・マグダレーナの長男として生まれる。父の英才教育を受け、6歳の頃から宮廷演奏で名を馳せていた。父が酒好きであったため収入の途絶えた一家を仕事を掛け持ちして支え、幼い兄弟を世話した。モーツァルトに憧れ弟子入りを希望していたが、母の突然の訃報で断念。1974年に処女作となる「ピアノ三重奏曲」を作曲。28歳の時に難聴に気づき30歳の頃にはほとんど聞こえなくなっていたという。自害までも考えたが、作曲専業として音楽に向き合うことを決意。この時期1804年から1814年の10年間は、作品の量的にも完成度においても「傑作の森」と言われる黄金期となった。「エロイカ」「運命」「田園」などもこの時期に生まれた。ベートーヴェンはこの時代に珍しく貴族のパトロンを持たず、民衆を相手に人間の自由と人類への愛を歌い上げた偉大な音楽家であった。

18日

国際移住者デー

　1990年のこの日、国連総会において「全ての移住労働者及びその家族の権利の保護に関する国際条約」が採択された。これを記念して2000年の国連総会で「国際移住者デー」が制定された。国際デーの1つ。

20日

人間の連帯国際デー

　2005年の国連総会で制定された国際デー。2000年に定められたミレニアム開発目標の達成に向けて、多様性の中での人類の連帯を願い団結の重要性

を想起する日。

21日

クロスワードの日
　1913年12月21日の『ニューヨーク・ワールド』紙の日曜版に初めてクロスワードパズルが掲載され、クロスワードパズルが世間に知られるきっかけとなったことから、この日を祝う記念日が制定された。

バスケットボールの日
　1891年のこの日、アメリカのニューイングランド・マサチューセッツのスプリングフィールドにある国際YMCAトレーニングスクール（現スプリングフィールド・カレッジ）で、世界初のバスケットボールの試合が開催された。当時トレーニングスクールの指導者であったジェイムス・ネイスミス博士が、冬でもだれもが室内で楽しめるボールゲームを開発したいと生まれたのが「バスケットボール」であった。

24日

クリスマス・イブ
　クリスマス・イヴ（Christmas Eve）は、クリスマスの前夜の12月24日の夜を指している。イヴとは、夜（evening）と同義の古語「even」の語末の音が消えたものである。イエス・キリスト誕生を祝うクリスマス前夜は、キリスト正教会・聖公会・プロテスタントなどの多くの教派で晩の礼拝が行われる。クリスマスの1日は日没から始まり、日没に終わるため、12月24日の晩はすでにクリスマス当日に入っていると考えられる。

25日

クリスマス
　イエス・キリストの降誕を記念する日。聖書にはキリストの誕生日についての記述はなく、はっきりとわかっていない。少なくとも12月の寒い時期ではないようである。おそらく4月から9月の間とされる。キリストの生誕を祝う日は宗派によって異なっていたが、ローマ皇帝コンスタンティヌス1世が、336年にミトラ教の祭である冬至祭の日であったこの日をイエス・キリストの降誕の日と定めたといわれている。

この日 ソ連が消滅した日

　1991年12月のソビエト連邦共産党解散により、各連邦構成共和国がそれぞれ主権国家として独立した。同年12月25日に、ソビエト連邦大統領ミハイル・ゴルバチョフが辞任し、この日ソビエト連邦が解体された。

26日

聖ステファノの日

　キリスト教の最初の殉教者・聖ステファノの聖名祝日。アイルランド、イタリア、オーストリア、クロアチア、フィンランドの公休日。

ボクシング・デー

　イギリス、オーストラリア、ニュージーランド、カナダなどの英連邦でよく見られる、キリスト教に由来した休日。アイルランド、ドイツ、北欧などでは、殉教者ステファノの日（英語では聖スティーヴン）。ユダヤ人であったが、イエス・キリストが神の子であると伝えたために、ユダヤ教の教義に反するとして同じユダヤ人によって石打ちの刑に処された。ボクシング（Boxing）の言葉の由来は、クリスマスの翌日は、教会が貧しい人たちのために寄付を募って集まったクリスマスプレゼントの箱（box）を開ける日であったことから"Boxing Day"と呼ばれたことにある。スポーツのボクシングとは無関係。また、昔はクリスマスも仕事をしなければならなかった執事や使用人たちのために、主人がこの日を休日にしたという。この日だけは主人は使用人に頼らず自分で家事をしなければならない。そして、当日主人は箱に贈り物を入れて使用人たちに配った。クリスマス・カードやプレゼントを届けてくれた郵便配達員にも、ねぎらいのために26日（当日が日曜日の場合は27日）に箱入りのプレゼント（Christmas box）を渡す。

27日

ピーターパンの日

　イギリスのスコットランドの作家ジェームス・マシュー・バリーの戯曲『ピーターパンあるいは大人になりたがらない少年』（全三幕）の初演が1904年のこの日であったことを記念して、12月27日が「ピーターパンの日」とされた。ピーターパンは親とはぐれ、妖精ティンカーベルとともに冒険の日々を続ける永遠の少年である。原作者バリーは1937年に死去するが、その後も全世界で映画やアニメーション、ミュージカルとして上演されてい

る。

この日 ダーウィンがビーグル号で出航

　1831年のこの日、チャールズ・ダーウィンがイギリス海軍の海洋測量艦ビーグル号に乗り世界一周に出発した。

誕生日 パスツール（パストゥール）（1822年12月27日－1895年9月28日）

　ルイ・パスツールは、フランスの生化学者、細菌学者。ロベルト・コッホとともに、「近代細菌学の開祖」とされる。牛乳、ワイン、ビールの腐敗を防ぐ低温殺菌法（パスチャライゼーション）を開発した。分子の光学異性体を発見。ワクチンの予防接種という方法を開発し、狂犬病ワクチン、ニワトリコレラワクチンを発明。空気や酸素なしに増殖する微生物である嫌気性菌を発見。彼の業績は化学、生物学、医学の広範囲に広がっており、それぞれの分野で非常に大きな発見をしている。「科学には国境はないが、科学者には祖国がある」という言葉は有名である。

31日

ホグマネイの祭り（スコットランド）

　イギリスのエディンバラとグラスゴウの二大都市では、大晦日の夜にホグマネイを大々的に祝う。エディンバラでは、幻想的な花火大会とたいまつ行列があり、寒さに負けず夜中まで飲み騒ぐことで知られている。

　ホグマネイの語源ははっきりしないが、「新年の贈り物」を意味するフランス北部の方言である「オギナネ」に由来するという説がある。

誕生日 アンリ・マティス（1869年12月31日－1954年11月3日）

　フランスの画家。フォーヴィスム（野獣派）のリーダー的存在であった。大胆な色彩が特徴の作品が多く「色彩の魔術師」と謳われた。色彩の純化を追求した結果、切り絵に到達し、『ジャズ』シリーズなど切り絵の傑作を多数残している。晩年は癒しに満ちた作品世界を展開した。20世紀を代表する芸術家の1人である。

Ⅲ 世界各国の祝祭日・記念日

世界各国の祝祭日・記念日

アジア

■中国

1月 1日	新年(元日)
2月 7-13日	旧正月(春節)
4月 4日	清明節
5月 1日	メーデー(労働節)
6月 9-11日	端午節
9月15-17日	中秋節
10月 1-7日	建国記念日(国慶節)

■香港

1月 1日	新年　The first day of January
2月 8日	旧暦正月　Lunar New Year's Day
2月 9日	旧暦正月の2日目　The second day of Lunar New Year
2月10日	旧暦正月の3日目　The third day of Lunar New Year
3月25日	グッド・フライデー　Good Friday
3月26日	グッド・フライデーの翌日　The day following Good Friday
3月28日	イースター・マンデー　Easter Monday
4月 4日	清明節　Ching Ming Festival
5月 1日	労働節(メーデー)　Labour Day
5月 2日	労働節(振替休日)　Holiday when Labour Day falls on rest day
5月14日	釈迦生誕節　The Birthday of the Buddha
6月 9日	端午節　Tuen Ng Festival
7月 1日	香港特別行政区設立記念日　HKSAR Establishment Day
9月16日	中秋節の翌日　The day following the Chinese Mid-Autumn Festival

10月 1日	国慶節	National Day
10月 9日	重陽節	The Chung Yeung Festival
10月10日	重陽節（振替休日）	Holiday when The Chung Yeung Festival falls on rest day
12月25日	クリスマス	Christmas Day
12月26日	クリスマス後の最初の平日	The first weekday after Christmas Day

■韓国

1月 1日	新年	New Year's Holiday
2月 8-10日	旧正月	Folk Customs Day
3月 1日	独立運動記念日（三一節）	Independence Movement Day
5月 1日	メーデー	Labour Day
5月 5日	子供の日	Children's Day
5月14日	釈迦誕生日	Budda's Birthday
6月 6日	戦没者慰霊日（顕忠日）	Memorial Day
8月15日	解放記念日（光復節）	Liberation Day
9月14-16日	お盆（陰暦）	Korean Thanks Giving Day
10月 3日	建国記念日（開天節）	National Foundation Day
10月 9日	ハングルの日	Hangul Proclamation Day
12月25日	クリスマス（キリスト誕生日）	Christmas

■カンボジア

1月 1日	新年	International New Year Day
1月 7日	虐殺政権からの解放の日	Victory Over Genocide Day
2月22日	万仏節	Meak Bochea Day
4月13-16日	クメール正月	Khmer New Year Day
5月 1日	メーデー	International Labor Day
5月13-15日	シハモニ国王誕生日	King Norodom Sihanoni's Birthday
5月20日	仏誕節	Visaka Bochea Day
5月24日	王室始耕祭	Royal Plowing Ceremony Day

6月 1日	国際こどもの日	International Children's Day
6月18日	モニク前王妃誕生日	Queen Norodom Monineath Sihanouk's Birthday
9月24日	憲法記念日	Constitutional Day
9月30日－10月 2日	盂蘭盆	Pchum Ben Days
10月15日	ノロドムシハヌーク前国王記念日（命日）	Commemoration Day of Former King Norodom Sihanouk
10月23日	パリ和平協定の日	Paris Peace Agreement
10月29日	シハモニ国王即位記念日	King Norodom Sihakmoni's Coronation Day
11月 9日	独立記念日	Independent Day
11月13－15日	水祭り	Water Festival
12月10日	国際人権の日	International Human Rights Day

■シンガポール

1月 1日	新年	New Year's Day
2月 8－9日	中国正月	Chinese New year
3月25日	聖金曜日	Good Friday
5月 1日	メーデー	Labour Day
5月 2日	振替休日	public holiday
5月21日	ベサックデイ	Vesak Day
7月 6日	ハリラヤプアサ	Hari Raya Puasa
8月 9日	独立記念日	National Day
9月12日	ハリラヤハジ	Hari Raya Haji
10月29日	ディーパバリ	Deepavali
12月25日	クリスマス	Christmas Day
12月26日	振替休日	public holiday

■タイ

1月 1日	新年	New Year's Day

世界各国の祝祭日・記念日

2月 8日	春節	Chinese New Year
2月22日	万仏節	Makha Bucha Day
4月 6日	チャクリー朝記念日	Chakri Day
4月13-15日	灌仏節	Songkran Festival
5月 1日	メーデー	National Labour Day
5月 2日	メーデー(振替休日)	National Labour Day(Substitution)
5月 5日	国王戴冠記念日	Coronation Day
5月20日	仏誕節	Wisakha Bucha Day
7月19日	三宝節	Asarnha Bucha Day
8月12日	王妃誕生日	H.M. The Queen's Birthday
10月23日	チュラロンコン大王祭	King Chulalongkorn's Day
10月24日	チュラロンコン大王祭(振替休日)	King Chulalongkorn's Day (Substitution)
12月 5日	国王誕生日	H.M. The King's Birthday
12月11日	憲法記念日	Constitution Day
12月12日	憲法記念日(振替休日)	Constitution Day(Substitution)

■マレーシア

2月 8日	旧正月	Tahun Baru China
2月 9日	旧正月2日目	Tahun Baru China(Hari Kedua)
5月 2日	メーデー(振替休日)	Hari Pekerja(Cuti Pemindahan)
7月 6日	断食明け大祭	Hari Raya Puasa
7月 7日	断食明け大祭(2日目)	Hari Raya Puasa(Hari Kedua)
8月31日	独立記念日	Hari Kebangsaan
9月12日	イスラム犠牲祭	Hari Raya Qurban
9月16日	マレーシアデー	Hari Malaysia
10月 3日	イスラム暦正月(振替休日)	Awal Muharam(Maal Hijrah)(Cuti Pemindahan)
12月12日	ムハンマド降誕祭	Hari Keputeraan Nabi Muhammad S.A.W.
12月26日	クリスマス(振替休日)	Hari Krismas(Cuti Pemindahan)

■インドネシア

1月 1日	新年	Tahun Baru Masehi
2月 8日	中国暦新年	Tahun Baru Imlek 2567
3月 9日	釈迦暦新年	Hari Raya Nyepi Tahun Baru Saka 1938
3月25日	キリスト受難の日	Wafat Isa Almasih
5月 1日	メーデー	Memperingati Hari Buruh International
5月 5日	キリスト昇天祭	Kenaikan Isa Almasih
5月 6日	ムハマッド昇天祭	Isra Mikraj Nabi Muhammad Saw
5月22日	仏教祭	Hari Waisak Tahun 2560
7月4-8日	断食明け大祭	Idul Fitri 1437 Hijriyah
8月17日	独立記念日	Hari Kemerdekaan Republik Indonesia
9月12日	巡礼の日	Idul Adha 1437 Hijriyah
10月 2日	回教暦新年	Tahun Baru Islam 1438 Hijriyah
12月12日	ムハマッド生誕日	Hari Ulang Tahun Muhammad Saw
12月25-26日	クリスマス	Hari Raya Natal

■フィリピン

1月 1日	新年	New Year's Day
1月 2日	追加特別休日	Additional special (non-working) day
2月 8日	中国旧正月	Chinese New Year
2月25日	エドゥサ革命の日	EDSA People Power Revolution
3月24日	聖木曜日	Maundy Thursday
3月25日	聖金曜日	Good Friday
3月26日	聖土曜日	Black Saturday
4月 9日	勇者の日	Araw ng Kagitingan
5月 1日	メーデー	Labor Day
6月12日	独立記念日	Independence Day
8月21日	ニノイアキノ記念日	Ninoy Aquino Day
8月29日	英雄の日	National Heroes Day
10月31日	追加特別休日	Additional special (non-working) day
11月 1日	諸聖人の日	All Saints Day

11月30日	ボニファシオ記念日	Bonifacio Day
12月24日	追加特別休日	Additional special (non-working) day
12月25日	クリスマス	Christmas Day
12月30日	リサール記念日	Rizal Day
12月31日	追加特別休日	Additional special (non-working) day

■ベトナム

1月 1日	新年	New Year's Day
2月 8日	旧正月(テト)元日	Lunar New Year
2月 9日	旧正月(テト)	Lunar New Year
2月10日	旧正月(テト)	Lunar New Year
2月11日	旧正月(テト)	Lunar New Year
2月12日	旧正月(テト)(振替休日)	Lunar New Year
4月18日	雄(フン)王記念日(振替休日)	Hung Kings Commemorotions
5月 2日	南部ベトナム解放記念日(振替休日)	Victory Day
5月 3日	メーデー(振替休日)	International Labour Day
9月 2日	ベトナム建国記念日	National day

■ミャンマー

1月 4日	独立記念日	Independence Day
1月10日	カレン新年	Karen New Year's Day
2月12日	連邦の日	Union Day
3月 2日	農民の日	Peasants Day
3月23日	タバウン満月	Fullmoon Day of Tabaung
3月27日	国軍記念日	Armed Forces Day
4月11日	ミャンマー年末休暇	Myanmar New Year Holiday
4月12-16日	水祭り	Maha Thingyan Festival
4月17日	ミャンマー新年	Myanmar New Year's Day
4月18-20日	ミャンマー年始休暇	Myanmar New Year Holiday
5月 1日	メーデー	Labor Day
5月21日	カソン満月	Fullmoon Day of Kasone

7月19日	殉難者の日／ワソー満月	Martyrs Day / Fullmoon Day of Waso
10月16日	タディンジュ満月	Fullmoon Day of Thadingyut
11月14日	タザウンモン満月	Fullmoon Day of Tazaungmone
11月24日	国民の祝日	National Day
12月25日	クリスマス	Chiristmas Day
12月29日	カレン新年	Karen New Year's Day
イスラム祝日※		Eid Day
ヒンドゥー祝日※		Deepavily Day

※直前に決定するため、現時点で日程は未定。

■インド

1月26日	共和国記念日	Republic Day
3月24日	水掛け祭	Holi
3月25日	聖金曜日	Good Friday
4月15日	ラーム神生誕日	Ram Navmi
4月20日	ジャイナ教マハビラ生誕日	Mahaveer Jayanti
5月21日	釈迦生誕日	Buddha Purnima
7月 6日	イスラム教断食明け祭	Idu'l-Fitr
8月15日	独立記念日	Independence Day
8月25日	クリシュナー神生誕日	Janamashtami
9月12日	イスラム教謝肉祭	Idu'l-Zuha（Bakrid）
10月 2日	マハトマ・ガンジー生誕日	Mahatma Gandhi Birthday
10月11日	ヒンズー教ダシェラ祭	Dussehra
10月12日	イスラム教新年	Muharram
10月31日	ディワリ（ヒンズー教新年祭）	Govardhan Puja
11月 1日	兄弟の祭	Bhai Bij
11月14日	シーク教ナナック生誕日	Guru Nanak's Birthday
12月13日	イスラム教モハメッド生誕日	Milad-Un-Nabi
12月25日	クリスマス（キリスト教）	Christmas Day

※上記祝祭日は、ニューデリーにおける祝祭日。インドでは州により祝祭日が異なる。

■パキスタン

2月 5日	カシミールデー	Kashmir Day
3月23日	共和制記念日	Pakistan Day
5月 1日	メーデー	Labour Day
7月7-9日	断食明け大祭※	Eid-ul Fitar
8月14日	独立記念日	Independence day
9月11-12日	犠牲祭※	Eid-ul Azha
10月10-11日	モハラム※	9-10th Moharram & Ashura
11月11日	イクバル(国家的詩人)生誕記念日	Iqbal Day
12月14日	預言者生誕記念日※	Eid Milad un-Nabi
12月25日	ジンナー(建国の父)生誕記念日	Quaid's Birthday

※月の満ち欠けにより変動する。

■バングラデシュ

2月21日	ベンガル語国語化運動記念日	Shaheed Dibash
3月17日	ムジブル・ラーマン誕生日※	Birth Day od Sheikh M. Rahman
3月26日	独立記念日	Independence Day
4月14日	ベンガル暦新年	Bangla New Year's Day
5月 1日	メーデー	May Day
5月23日	仏誕祭*	Buddha Purnima
7月 1日	シャベバラット*	Shab-E-Barat
7月 2日	シャベカダール*	Shab-E-Qudar
7月 3日	ジャマトゥルビダ	Jumatul Bida
7月5-7日	断食明け大祭*	Eid-Ul-Fitar
8月15日	国家大葬祭	National Mourning Day
8月25日	ジャンマシュトミ	Janmastami
9月11-13日	犠牲祭*	Eid-Ul-Azah
10月11日	ドゥルガプジャ	Durgapuza
10月12日	アシュラ*	Moharram (Asura)
12月12日	預言者生誕祭*	Eid-e-milad-un-Nabi
12月16日	戦勝記念日	Victory Day

12月25日	クリスマス	Christmas Day

※政治により変更の可能性あり
＊月齢により変更の可能性あり

■スリランカ

1月15日	タミル豊穣祭	Tamil Thai Pongal
1月23日	満月祭	Duruthu Full Moon Poya Day
2月 4日	国民の祝日	National Day
2月22日	満月祭	Navam Full Moon Poya Day
3月 7日	ヒンズー教神聖日	Mahasivarathri Day
3月22日	満月祭	Medin Full Moon Poya Day
3月25日	聖金曜日	Good Friday
4月13日	シンハラ・タミール新年前日	Day prior to Sinhala and Tamil New Year Day
4月14日	シンハラ・タミール新年	Sinhala and Tamil New Year Day
4月21日	満月祭	Bak Full Moon Poya Day
5月 1日	メーデー	May Day
5月21日	満月祭	Vesak Full Moon Poya Day
5月22日	満月祭第2日	Day following Vesak Full Moon Poya Day
6月19日	満月祭	Poson Full Moon Poya Day
7月 6日	ラマザン祭	Ramazan Festival Day
7月19日	満月祭	Esala Full Moon Poya Day
8月17日	満月祭	Nikini Full Moon Poya Day
9月12日	ハジ祭	Hadji Festival Day
9月16日	満月祭	Binara Full Moon Poya Day
10月15日	満月祭	Vap Full Moon Poya Day
10月29日	ヒンズー記念日	Deepavali Festival Day
11月14日	満月祭	Il Full Moon Poya Day
12月12日	マホメット誕生日	Holy Prophet's Birthday
12月13日	満月祭	Unduvap Full Moon Poya Day
12月25日	クリスマス	Christmas Day

オセアニア

■オーストラリア

1月 1日	新年	New Year's Day
1月26日	建国記念日	Australia Day
3月25日	聖金曜日	Good Friday
3月28日	復活祭月曜日	Easter Monday
4月25日	アンザック・デー	Anzac Day
6月13日	女王誕生日	Queen's Birthday
10月 3日	勤労感謝の日	Labour Day
12月25日	クリスマス	Christmas Day
12月26日	ボクシング・デー	Boxing Day
12月27日	クリスマス(振替休日)	national holiday

■ニュージーランド

1月 1日	新年	New Year's Day
1月 4日	新年翌日	Day after New year's Day
2月 8日	ワイタンギ条約記念日	Waitangi Day
3月25日	聖金曜日	Good Friday
3月28日	復活祭	Easter Monday
4月25日	アンザック戦争記念日	ANZAC Day
6月 6日	女王誕生日	Queen's Birthday
10月24日	勤労感謝の日	Labour Day
12月26日	ボクシング・デー	Boxing Day
12月27日	クリスマス※	Christmas Day

※本来のクリスマスは12月25日であるが、当年はこれが日曜日に当たり「通常、日曜日に勤務する者以外は月曜日または火曜日に充てる」旨が発表されている。

北米

■米国

1月 1日	新年	New Year's Day
1月18日	キング牧師誕生日	Birthday of Martin Luther King, Jr.
2月15日	ワシントン誕生日（大統領記念日）	Washington's Birthday (President's Day)
5月30日	戦没者祈念日	Memorial Day
7月 4日	独立記念日	Independence Day
9月 5日	勤労感謝の日	Labor Day
10月10日	コロンバス記念日	Columbus Day
11月11日	退役軍人の日	Veterans Day
11月24日	感謝祭	Thanksgiving Day
12月25日	クリスマス	Christmas Day
12月26日	クリスマス（振替休日）	Christmas Day (observed holiday)

■カナダ

1月 1日	新年	New Year's Day
3月25日	キリスト受難の日	Good Friday
3月28日	復活祭の月曜日	Easter Monday
5月23日	ビクトリア女王誕生日	Victoria Day
7月 1日	建国記念日	Canada Day
8月 1日	市民の日	Civic Holiday
9月 5日	勤労感謝の日	Labour Day
10月10日	感謝祭	Thanksgiving Day
11月11日	戦没者追悼日	Rememberance Day
12月26日	クリスマス[※1]	Christmas Day
12月27日	ボクシング・デー[※2]	Boxing Day

※1：12月25日（日曜）の振替休日
※2：12月26日（月曜）の振替休日

中南米

■メキシコ

1月 1日	新年	Año Nuevo
2月 1日	憲法記念日※1	Aniversario de la Constitución
3月21日	ベニートフアレス生誕日	Natalicio de Benito Juárez
3月24-25日	イースター	Semana Santa
5月 1日	メーデー	Día del Trabajo
9月16日	メキシコ独立記念日	Independencia de México
11月 2日	死者の日	Día de los Muertos
11月21日	メキシコ革命記念日※2	Revolución Mexicana
12月12日	聖母グアダルーペの日	Nuestra Señora de Guadalupe
12月25日	クリスマス	Navidad

※1：憲法記念日は2月5日だが、第1月曜日が祝日となる。
※2：革命記念日は11月20日だが、第3月曜日が祝日となる。

■コスタリカ

1月 1日	新年	Año Nuevo
3月24日	聖木曜日	Semana Santa（Jueves santo）
3月25日	聖金曜日	Semana Santa（Viernes santo）
4月11日	フアンサンタマリアの日	Día de Juan Santamaría
5月 1日	メーデー	Día de Trabajador
7月25日	グアナカステ併合の日	Día de Anexión de Guanacaste
8月 2日	聖母マリアの日	Día de la Virgen de los Angeles
8月15日	母の日	Día de La Madre
9月15日	独立記念日	Día de la Independencia
10月12日	二文明出会いの日	Día del Encuentro de Culturas
12月25日	クリスマス	Navidad

■パナマ

1月 1日	新年	Año Nuevo
1月 9日	殉教者の日	Día de los Mártires
2月 9日	カーニバル	Martes de Carnaval
3月25日	イースター	Semana Santa
5月 1日	メーデー	Día del Trabajo
11月 3日	コロンビアからの独立記念日	Día de Separación de Panamá de Colombia
11月 5日	コロン独立運動武勲の日	Celebración de la Gesta Separatista Colón
11月10日	スペインからの独立雄叫びの日	Grito de Independencia
11月28日	スペインからの独立記念日	Día de la Independencia de España
12月 8日	母の日	Día de Madre
12月25日	クリスマス	Navidad
12月26日	クリスマス（振替休日）	Navidad

■ベネズエラ

1月 1日	新年	Año Nuevo
2月8-9日	カーニバル	Carnaval
3月24-25日	聖週間	Semana Santa
4月19日	独立運動開始日	Mov. Precursor de la Independencia
5月 1日	メーデー	Día del Trabajador
6月24日	カラボボ戦勝記念日	Batalla de Carabobo
7月 5日	独立記念日	Día de la Independencia
7月24日	ボリバル生誕記念日	Natalicio del Libertador
10月12日	民族の日	Día de la Resistencia Indígena
12月24日	クリスマス前夜	Vispera de la Natividad de Nuestro Señor
12月25日	クリスマス	Natividad de Nuestro Señor
12月31日	土曜 大晦日	Ultimo Día del año

■コロンビア

1月 1日	新年	Año Nuevo
1月11日	東方三賢人祭	Día de los Reyes Magos
3月21日	聖ヨセフ祭	Día de San José
3月24日	聖木曜日	Jueves Santo
3月25日	聖金曜日	Viernes Santo
5月 1日	メーデー	Día del Trabajo
5月 9日	キリスト昇天祭	Día de la Ascensión
5月30日	キリスト聖体祭	Corpus Christi
6月 6日	聖心祭	Sagrado Corazón
7月 4日	聖ペドロ、聖パブロの日	San Pedro y San Pablo
7月20日	独立記念日	Día de la Independencia
8月 7日	ボジャカ戦闘日	Batalla de Boyacá
8月15日	聖母被昇天祭	La asunción de la Virgen
10月17日	民族祭	Día de la Raza
11月 7日	諸聖人の日	Todos los Santos
11月14日	カルタヘナ独立記念日	Independencia de Cartagena
12月 8日	聖母受胎日	Día de la Inmaculada Concepción
12月25日	クリスマス	Día de Navidad

■ペルー

1月 1日	新年	Año Nuevo
3月24日	聖木曜日	Jueves Santo
3月25日	聖金曜日	Viernes Santo
5月 1日	メーデー	Día del Trabajo
6月29日	聖ペドロ、聖パブロの日	San Pedro y San Pablo
7月28日	独立記念日	Fiestas Patrias
7月29日	愛国者の日	Fiestas Patrias
8月30日	リマの聖女ロサの日	Santa Rosa de Lima
10月 8日	アンガモス海戦記念日	Combate de Angamos
11月 1日	諸聖人の日	Todos los Santos

12月 8日	無原罪の御宿りの日	Inmaculada Concepción
12月25日	クリスマス	Navidad

■ブラジル

1月 1日	新年	Año Nuevo
1月25日	サンパウロ市政記念日※	Aniversário de São Paulo
2月8-9日	カーニバル※・注	Carnaval
2月10日	カーニバル（灰の水曜日）※・注	Carnaval (Quarta-Feira de Cinzas)
3月25日	聖金曜日※	Sexta-Feira Santa
3月27日	復活祭（イースター）※	Páscoa
4月21日	チラデンテスの日	Tiradentes
5月 1日	メーデー	Dia Internacional do Trabalho
5月26日	キリスト聖体祭※	Corpus Christi
7月 9日	護憲革命記念日※	Revolução Constitucionalista de 1932
9月 7日	独立記念日	Dia da Independência
10月12日	聖母の日	Dia da Nossa Senhora Aparecida
11月 2日	万聖節	Dia de Finados
11月15日	共和制宣言記念日	Dia da Proclamação da República
11月20日	黒人意識の日※	Dia da Consciência Negra
12月25日	クリスマス	Natal

※：サンパウロのみに適用される休日。

注：カーニバルは１月中旬から２月中旬に確定日程が発表される。

■チリ

1月 1日	新年	Año Nuevo
3月25日	聖金曜日	Viernes Santo
3月26日	聖土曜日	Sabado Santo
3月27日	キリスト復活日	Domingo de Resurrección
5月 1日	メーデー	Día del Trabajo
5月21日	イキケ海戦記念日	Dia de las Glorias Navales (Combate Naval de Iquique)

6月27日	聖ペドロ、聖パブロの日	San Pedro y San Pablo
7月16日	聖母カルメンの日	Virgen del Carmen
8月15日	聖母被昇天祭	La Asunción de la Virgen
9月18日	独立記念日	Día de la Independencia Nacional
9月19日	軍隊記念日	Día de las Glorias del Ejército
10月10日	アメリカ大陸発見の日	Dia del Descubrimento de Dos Mundos
10月31日	プロテスタントの日	Día Nacional de las Iglesias Evangélicas y Protestantes
11月 1日	万聖節	Día de Todos los Santos
12月 8日	聖母受胎日	Dia de la Inmaculada Concepción
12月25日	クリスマス	Navidad

■アルゼンチン

1月 1日	新年	Año Nuevo
2月8-9日	カーニバル	Carnaval
3月24日	真実と正義を記念する国家記念日	Día Nacional de la Memoria Por la Verdad y la Justicia
3月25日	聖金曜日	Viernes Santo
4月 2日	マルビーナス戦争退役軍人の日	Día del Veterano y de Los Caídos en la Guerra de Malvinas
5月 1日	メーデー	Día del Trabajador
5月25日	5月革命記念日	Revolucion de Mayo
6月20日	ベルグラーノ将軍逝去（国旗の日）	Paso a la Inmortalidad del General Manuel Belgrano（Día de la Bandera）
7月 8日	観光促進祝日	Puente Turístico
7月 9日	独立記念日	Día de la Independencia
8月15日	サンマルティン将軍逝去の日	Paso a la Inmortalidad del General San Martin
10月10日	文化の多様性を尊重する日	Día del Respeto a la Diversidad Cultural
11月28日	国家主権記念日	Día de la Soberania Nacional
12月 8日	聖母受胎日	Inmaculada Concepcion de Maria

12月 9日	観光促進祝日	Puente Turístico
12月25日	クリスマス	Navidad

世界各国の祝祭日・記念日

欧州

■英国

1月 1日	新年	New Year's Day
3月25日	聖金曜日	Good Friday
3月28日	復活祭月曜日	Easter Monday
5月 2日	アーリー・メイ・バンク・ホリデー	Early May Bank Holiday
5月30日	スプリング・バンク・ホリデー	Spring Bank Holiday
8月29日	サマー・バンク・ホリデー	Summer Bank Holiday
12月26日	ボクシング・デー	Boxing Day
12月27日	クリスマス※	Christmas Day

※：12月25日（日曜）の振替休日。

■スコットランド

1月 1日	新年	New Year's Day
1月 4日	新年休み（振替休日）	2nd January (Substitute Day)
3月25日	聖金曜日	Good Friday
5月 2日	アーリー・メイ・バンク・ホリデー	Early May Bank Holiday
5月30日	スプリング・バンク・ホリデー	Spring Bank Holiday
8月 1日	サマー・バンク・ホリデー	Summer Bank Holiday
11月30日	セント・アンドリューズ・デー	St Andrew's Day
12月26日	ボクシング・デー	Boxing Day
12月27日	クリスマス※	Christmas Day

※：12月25日（日曜）の振替休日。

■北アイルランド

1月 1日	新年	New Year's Day
3月17日	セント・パトリック・デー	St Patrick's Day
3月25日	聖金曜日	Good Friday
3月28日	復活祭月曜日	Easter Monday
5月 2日	アーリー・メイ・バンク・ホリデー	Early May Bank Holiday
5月30日	スプリング・バンク・ホリデー	Spring Bank Holiday
7月12日	オレンジ党勝利記念日	Battle of the Boyne
8月29日	サマー・バンク・ホリデー	Summer Bank Holiday
12月26日	ボクシング・デー	Boxing Day
12月27日	クリスマス※	Christmas Day

※：12月25日（日曜）の振替休日。

■ドイツ

1月 1日	新年	Neujahr
3月25日	復活祭聖金曜日	Karfreitag
3月28日	復活祭月曜日	Ostermontag
5月 1日	メーデー	Tag der Arbeit
5月 5日	キリスト昇天祭	Christi Himmelfahrt
5月16日	聖霊降臨祭月曜日	Pfingstmontag
10月 3日	ドイツ統一記念日	Tag der Deutschen Einheit
12月25-26日	クリスマス	Weihnachtsfeiertag

※ここで掲載する祝祭日は、ベルリンにおける祝祭日。ドイツでは州により祝祭日が異なる。

■フランス

1月 1日	新年	Jour de Nouvel An
3月28日	復活祭翌日の月曜日	Lundi de Pâques
5月 1日	メーデー	Fête du Travail
5月 5日	キリスト昇天祭	Ascension

5月 8日	第二次世界大戦戦勝記念日	Anniversaire de 1945
5月16日	五旬祭日の月曜日※	Lundi de Pentecote
7月14日	革命記念日	Fête Nationale
8月15日	聖母被昇天祭	Assomption
11月 1日	万聖節	Toussaint
11月11日	第一次大戦休戦記念日	Armistice de 1918
12月25日	クリスマス	Noël

※：法定休日ではあるが一部の企業が就業見込み。

■イタリア

1月 1日	新年	Capo D'Anno
1月 6日	主顕節	Epifania
3月27日	復活祭	Pasqua
3月28日	復活祭月曜日	Lunedi Dopo Pasqua
4月25日	解放記念日	Anniversario della Liberazione
5月 1日	メーデー	Festa del Lavoro
6月 2日	共和国記念日	Festa della Repubblica
6月25日	聖ペテロとパウロの日※	Ricorrenza di St. Pietro e paolo
8月15日	聖母被昇天祭	Ferragosto
11月 1日	万聖節	Tutti Santi / Ognissanti
12月 8日	聖母受胎祭	Immacolata Concezione
12月25日	クリスマス	Natale
12月26日	月曜 聖ステファノの日	San Stefano

※：ローマのみに適用される休日

地方の祝祭日

ロンバルディア州（含 ミラノ）

8月16日火曜　ロンバルディア祭　Festa in Lombardia

ミラノ

12月 7日月曜　聖アンブロージョの日※　Sant'Ambrogio

※：ミラノの守護聖人の祭日。守護聖人の祭日は各都市により異なる。

■オランダ

1月 1日	新年	Nieuwjaarsdag
3月25日	聖金曜日	Goede Vrijdag
3月27-28日	復活祭	Paasdag
4月27日	国王誕生日	Koningsdag
5月 5日	解放記念日／昇天祭	Bevrijdingsdag / Hemelvaartsdag
5月15-16日	聖霊降臨祭	Pinkserdag
12月25-26日	クリスマス	Kerstdag

■ベルギー

1月 1日	新年	Nouvel An
3月28日	復活祭月曜日	Lundi de Pâques
5月 1日	メーデー	Fête du Travail
5月 5日	キリスト昇天祭	Le Jour après l'Ascension
5月16日	聖霊降臨祭月曜日	Lundi de Pentecôte
7月21日	独立記念日	Fête Nationale
8月15日	聖母被昇天祭	Assomption
11月 1日	万聖節	Toussaint
11月11日	第一次世界大戦終結記念日	Armistice
12月25日	クリスマス	Noël

■スペイン

1月 1日	新年	Año Nuevo
1月 6日	主顕節	Epifanía del Señor
3月24日	聖木曜日[※1]	Jueves Santo
3月25日	聖金曜日	Viernes Santo
5月 1日	メーデー	Fiesta del Trabajo
5月 2日	メーデー（振替休日）[※2]	Lunes siguiente a la Fiesta del Trabajo
7月25日	聖ヤコブ（使徒サンティアゴ）の日[※3]	Santiago Apóstol
8月15日	聖母被昇天祭	Asunción del Virgen

10月12日	スペイン国家祝日	Fiesta Nacional de España
11月 1日	全聖人の日	Todos los Santos
12月 6日	憲法記念日	Día de la Constitución Española
12月 8日	聖母受胎祭	La Inmaculada Concepción
12月25日	クリスマス	Natividad del Señor
12月26日	クリスマス（振替休日）[4]	Lunes siguiente a la Natividad del Señor

注：州により祝祭日が異なる日がある。

※1：カタルーニャを除く休日

※2：アンダルシア、アラゴン、アストゥリアス、カスティージャ・イ・レオン、エストレマドゥーラ、マドリードの休日

※3：ガリシア、マドリード、ナバーラ、バスク、リオハの休日

※4：カナリア、ガリシア、バスク、リオハを除く休日

マドリード市の祝祭日

5月15日	聖イシドロの日	San Isidro
5月16日	聖イシドロの日（振替休日）	traslado de la festividad de San Isidro
11月 9日	聖母アルムデナの日	La Almudena

■スイス

1月 1日	新年	Nouvel an
3月25日	聖金曜日	Vendredi-Saint
3月28日	復活祭月曜日	Lundi de Pâques
5月 5日	キリスト昇天祭	Ascension
5月16日	聖霊降臨祭月曜日	Lundi de Pentecôte
8月 1日	建国記念日	Fête Nationale
9月 8日	ジュネーブ断食祭	Jeûne Genevois
12月25日	クリスマス	Noël
12月31日	復興の日	Restauration de la République

※：スイス全体の国家祝祭日と定められているのは、8月1日の建国記念日のみ。その他の祝祭日決定は州の管轄で、各州は8月1日のほか、8日の祝祭日を定めることができる。上記祝祭日は多くの州が共通して定めている祝祭日を国家的祝祭日として記載したもの。

■オーストリア

1月 1日	新年	Neujahr
1月 6日	三賢人祭	Heilige Drei Koenige
3月28日	復活祭月曜日	Ostern Montag
5月 1日	メーデー	Staatsfeiertag
5月 5日	キリスト昇天祭	Chrisiti Himmelfahrt
5月16日	聖霊降誕祭月曜日	Pfinstenmontag
5月26日	聖体祭	Flonleichnam
8月15日	聖母被昇天祭	Maria Himmel Fahrt
10月26日	建国記念日	Nationalfeiertag
11月 1日	万聖節	Allerheiligen
12月 8日	聖母受胎祭	Maria Empfaengnis
12月25日	クリスマス	Weihnachten (Christtag)
12月26日	クリスマス（聖ステファノの日）	Weihnachten (Stefanitag)

■ポーランド

1月 1日	新年	Nowy Rok
1月 6日	公現日	Święto Trzech Króli
3月27日	復活祭（1日目）	Pierwszy dzień Wielkiej Nocy
3月28日	復活祭（2日目）	Drugi dzień Wielkiej Nocy
5月 1日	メーデー	Międzynarodowe Święto Pracy
5月 3日	憲法記念日	Święto Narodowe Konstytucji Trzeciego Maja
5月15日	聖霊降臨祭	Pierwszy dzień Zielonych Świątek
5月26日	聖体祭	Boże Ciało
8月15日	聖母被昇天祭	Wniebowzięcie Najświętszej Maryi Panny
11月 1日	万聖節（死者の日）	Wszystkich Świętych
11月11日	独立記念日	Narodowe Święto Niepodległości
12月25日	クリスマス（1日目）	Pierwszy dzień Bożego Narodzenia
12月26日	クリスマス（2日目）	Drugi dzień Bożego Narodzenia

■ルーマニア

1月1-2日	新年	Anul nou
5月1日	復活祭／メーデー	Pasti / Ziua Muncii
5月2日	復活祭	Pasti
6月19-20日	聖霊降臨祭	Rusalii
8月15日	聖母被昇天祭	Adormirea Maicii Domnului
11月30日	聖アンドレイ祭	Sf. Apostol Andrei
12月1日	統一記念日	Ziua Nationala a Romaniei
12月25-26日	クリスマス	Craciun

■チェコ

1月1日	新年／チェコ共和国独立記念日	Nový rok / Den obnovy samostatného českého státu
3月25日	復活祭金曜日	Velikonoční pátek
3月28日	復活祭月曜日	Velikonoční pondělí
5月1日	メーデー	Svátek práce
5月8日	解放記念日	Den vítězství
7月5日	キリルとメトディウスの日	Den slovanských věrozvěstů Cyrila a Metoděje
7月6日	ヤン・フスの日	Den upálení mistra Jana Husa
9月28日	チェコ国家の日	Den české státnosti
10月28日	チェコスロバキア独立記念日	Den vzniku samostatného československého státu
11月17日	自由・民主主義闘争記念日	Den boje za svobodu a demokracii
12月24日	クリスマス・イブ	Štědrý den
12月25-26日	クリスマス	svátek vánoční

■ハンガリー

1月1日	新年	New Year's Day
3月14日	振替休日[※1]	Pihenonap

3月15日	1848年革命記念日	1848/49. évi forradalom és szabadságharc kezdete、nemzeti ünnep
3月28日	イースター・マンデー	Húsvét Hétfő
5月1日	メーデー	A munka ünnepe
5月16日	ウィット・マンデー（聖霊降臨祭の月曜日）	Pünkösd Hétfő
8月20日	聖イシュトバーンの日・建国記念日	Az államalapítás、Szent István király ünnepe、nemzeti és állami ünnep
10月23日	1956年ハンガリー蜂起記念日	Az 1956. évi forradalom és szabadságharc kezdetének évfordulója、nemzeti ünnep
10月31日	振替休日[※2]	Pihenonap
11月1日	万聖節	Mindenszentek
12月25-26日	クリスマス	Karácsony

注：前後の祝祭日と連休にするため休日を振り替えている。

※1：1月2日（土）の振替休日
※2：10月15日（土）の振替休日

ロシア・CIS

■ロシア

1月1日		
4-6日	新年休暇	Новый год
1月7日	ロシア正教クリスマス	Рождество Христово
1月8日	新年休暇	Новый год
2月22日	振替休日[※1]	
2月23日	祖国防衛の日	День Защитника Отечества
3月7日	新年休暇（振替休日）[※2]	Новый год
3月8日	国際婦人デー	Международный женский день
5月2日	春と労働の祝日（振替休日）	Праздник Весны и Труда
5月3日	新年休暇（振替休日）[※3]	Новый год
5月9日	勝利の日	День победы

6月13日	ロシアの日	День России
11月 4日	民族統一の日	День народного единства

注：祝祭日が土曜または日曜の場合、翌月曜が振替休日になる（例外：新年休暇の振替休日）。

※1：2月20日（土）の振替休日。
※2：1月 3日（日）の振替休日。
※3：1月 2日（土）の振替休日。
政令1017「2016年における休日の変更（移動）について」による。

■ウズベキスタン

1月 1日	新年	Новый год (New year)
3月 8日	国際婦人デー	День женщин (Day of Women)
3月21日	ナブルーズ	Праздник Навруз (Navruz holiday)
5月 9日	戦没者慰霊の日	День памяти и почестей (Day of Memory and Honor)
7月 6日	ルザ・ハイート	Руза хайит (Ruza Hayit, Ramazan Bayram (Eid al－Fitr)), (Muslim holiday)
9月 1日	独立記念日	День независимости Республики Узбекистан (Day of Independence)
9月12日	クルバン・ハイート	Курбан хайит (Qurbon Hayit, (Eid al－Adha (Festival of Sacrifice)) (Muslim holiday)
10月 1日	教師の日	День учителя и наставника (Day of a Teacher and Instructor)
12月 8日	憲法記念日	День Конституции

中東

■イラン

2月11日	イスラム革命記念日	Victory of Islamic Revolution of Iran

3月13日	ファーテメ・ザフラー殉教日	Martyrdom of the Holy Daughter of Mohammad
3月19日	石油国有化記念日	The Nationalization Day of Oil Industry
3月20-23日	ノールーズ	Nowruz (New Year) Holiday
3月31日	イスラム共和国の日	The day of Islamic Republic of Iran
4月 1日	シーズダ・ペダル	Nature Day
4月21日	初代イマーム・アリー誕生日	Birthday of Imam Ali
5月 5日	招命日※	The Missiona of Hazrat Mohammad (Rassool Akram)
5月22日	第12代イマーム誕生日	Birthday of Imam Mahdi
6月 3日	ホメイニ師命日	Painful Demise of Imam Khomini
6月 4日	大衆蜂起の日	15 Khordad bloody uprising
6月27日	初代イマーム・アリー殉教日	The Martyrdom of Imam Ali
7月6-7日	断食明け祭り	Eid-e-Fetr (End of Ramazan)
7月30日	第6代イマーム殉教日	Martyrdom of Imam Jafar Sadegh
9月12日	犠牲祭	Eid-al-Adha (Eid-e-Ghorban)
9月20日	イーデ・ガディーレ・ホム	Eid-al-Ghadir
10月11日	タースアー	Tassua
10月12日	アーシュラー	Ashura, Martyrdom of Imam Hossein
11月20日	アルバイン	Arbaeen of Imam Hossein
11月28日	預言者命日	Demise of Holy Prophet Mohammad & Martyrdom of Imam Hassan
11月30日	第8代イマーム・レザー殉教日	The Martyrdom of Imam Reza
12月17日	預言者誕生祭	Birthday of Mohammad & Imam Jafar Sadegh

※太陰暦によるもので直前に変更される可能性あり。

■サウジアラビア

7月5-10日	ラマダン明け休暇(予定)	Ramadan Eid Holidays
9月11-15日	ハッジ巡礼・犠牲祭休暇(予定)	Haji Holidays
9月23日	サウジアラビア建国記念日	Saudi National Day

※週休日は金曜と土曜。

※ラマダン明け休暇、ハッジ巡礼・犠牲祭休暇は変更の可能性あり。

■アラブ首長国連邦

5月 5日	ムハンマド昇天祭※	Israa & Miraj Night
7月7-9日	断食明け大祭	Eid Al Fitr
9月10日	巡礼休暇	Arafat (Hajj) Day
9月11-13日	犠牲祭	Eid Al Adha
10月 3日	イスラーム暦新年	Hijri New year's Day
11月30日	殉教者の日	Martyrs' Day
12月2-3日	建国記念日	UAE National Day
12月12日	ムハンマド生誕祭※	Prophet Mohammed's Birthday

※イスラム暦（ヒジュラ暦）の休日のため、変更の可能性あり。

■トルコ

1月 1日	新年	Yeni Yıl Tatili
4月23日	国民主権と子供の日	Ulusal Egemenlik ve Çocuk Bayramı
5月 1日	労働と統一の日（メーデー）	Emek ve Dayanışma Günü
5月19日	青年とスポーツの日	Atatürk'ü Anma Gençlik ve Spor Bayramı
7月 4日	砂糖祭明け前夜	Ramazan Bayramı Arifesi
7月5-7日	砂糖祭	Ramazan Bayramı
8月30日	戦勝記念日	Zafer Bayramı
9月11日	犠牲祭前夜	Kurban Bayramı Arifesi
9月12-15日	犠牲祭	Kurban Bayramı
10月28-29日	共和国宣言記念日	Cumhuriyet Bayramı

■イスラエル

4月22日	過ぎ越しの祭り（エレブ　ペサハ）	Erev Pesach
4月23-29日	過ぎ越しの祭り（ペサハ）	Pesach
5月11日	独立記念日（エレブ　ヨムアツマウート）	Erev Yom Ha'atsumaut
5月12日	独立記念日（ヨム　アツマウート）	Yom Ha'atsumaut
6月11日	七週祭（エレブ　シャブオット）	Erev Shavout
6月12日	七週祭（シャブオット）	Shavout

世界各国の祝祭日・記念日

10月 2日	ユダヤ新年前夜（エレブ　ロシュハシャナ）	Erev Rosh Ha Shana
10月3－4日	ユダヤ新年（ロシュハシャナ）	Rosh Ha Shana
10月11日	贖罪の日（エレブ　ヨムキプール）	Erev Yom Kippur
10月12日	贖罪の日（ヨムキプール）	Yom Kippur
10月16日	仮庵祭（エレブ　スコット）	Erev Succot
10月17－24日	仮庵祭（スコット）	Succot

アフリカ

■エジプト

1月 7日	コプト教クリスマス	Coptic Christmas Day
1月25日	革命記念日、警察記念日	January 25th Revolution Day & The Police Day
4月25日	シナイ半島解放記念日	Sinai Liberation Day
5月 1日	復活祭／メーデー	Coptic Easter Sunday, Labor Day
5月 2日	春香祭	Sham El Nessim Day
6月30日	革命記念日	June 30th Revolution Day
7月 6日	断食明け大祭前夜※	Eve of Lesser Bairam
7月 7日	断食明け大祭※	Lesser Bairam
9月12日	犠牲祭前夜※	Eve of Greater Bairam
9月13－15日	犠牲祭※	Greater Bairam Day
10月 3日	イスラム暦新年※	The Hejira New Year 1438
10月 6日	戦勝記念日	Armed Forces Day
12月12日	預言者生誕祭※	The Prophet's Birthday

注：エジプトの週休日は金曜と土曜。
※：イスラム暦のため変動の可能性有り。

■ナイジェリア

1月 1日	新年	New Year's Day

3月25日	聖金曜日　Good Friday
3月28日	復活祭月曜日　Easter Monday
5月 1日	メーデー　Workers' Day
5月29日	民主主義の日　Democracy Day
7月 7日	イスラム休日　Id el Fitr
7月 8日	イスラム休日　Id el Fitr additional holiday
9月13日	イスラム休日　Id-el-Kabir
9月14日	イスラム休日　Id el Kabir additional holiday
10月 1日	独立記念日　National Day
12月12日	イスラム休日　Id-el-Maulud
12月25日	クリスマス　Christmas Day
12月26日	ボクシング・デー　Boxing Day

■ケニア

1月 1日	新年　New Year's Day
3月25日	グッド・フライデー　Good Friday
3月28日	イースターマンデー　Easter Monday
5月 1日	メーデー　Labour Day
5月 2日	振替休日　national holiday
6月 1日	解放の日　Madaraka Day
7月上旬(未定)	ラマダン明け休暇　Eid Al Fitr
10月20日	英雄の日　Mashujaa Day
12月12日	独立記念日　Jamhuri Day
12月25日	クリスマス　Christmas Day
12月26日	ボクシング・デー　Boxing Day

※：ラマダン明け休暇の日程は、直前に確定する。

■南アフリカ共和国

1月 1日	新年　New Year's Day
3月21日	人権の日　Human Rights Day
3月25日	グッド・フライデー　Good Friday

世界各国の祝祭日・記念日

3月28日	家族の日	Family Day
4月27日	自由の日	Freedom Day
5月 1日	メーデー	Workers Day
5月 2日	振替休日	public holiday
6月16日	青年の日	Youth Day
8月 9日	国際婦人の日	National Women's Day
9月24日	伝統文化継承の日	Heritage Day
12月16日	和解の日	Day of Reconciliation
12月25日	クリスマス	Christmas Day
12月26日	親善の日	Day of Goodwill

■コートジボワール

1月 1日	新年	Jour de L'An
3月28日	復活祭月曜日	Lundi de Paques
5月 1日	メーデー	Fete de Travail
5月 5日	キリスト昇天祭	Ascension
5月16日	聖霊降臨祭月曜日	Lundi de Pentecote
7月 4日	運命の夜翌日※	La Nuit de Destin
7月 6日	ラマダン明け祭日※	Ramadan
8月 7日	独立記念日	Fete Nationale de L'Independance
8月15日	聖母被昇天祭	Assomption
9月13日	犠牲祭※	Tabaski
11月 1日	万聖節	Toussaint
11月15日	国民平和の日	Journee Nationale de la Paix
12月16日	モハメッド生誕記念日※	Anniversaire de la Naissance de Mohamed
12月25日	クリスマス	Noel

※：変更の可能性あり。イスラム教祝祭日は太陰暦によるため直前にならないと確定しない。

■モロッコ

1月 1日	新年	Jour de Nouvel An
1月11日	独立宣言記念日	Anniversaire du Manifeste de l'Indépandance
5月 1日	メーデー	Fête du Travail
7月6－7日	ラマダン明け休暇※	Aid al Fitr
7月30日	即位記念日	Fête du Trône
8月20日	国王と国民の革命記念日	Révolution du Roi et du Peuple
8月21日	モハメッド6世国王誕生日	Fete de la Jeunesse
9月12－13日	羊犠牲祭※	Aid al Adha
10月 3日	イスラム暦新年	1er Moharrem
11月18日	独立記念日	Fête de l'Indépendence
12月12－13日	預言者生誕祭※	Aid el Mawlid Annabaoui

※イスラム暦の休日のため、変更可能性あり。

JETRO日本貿易振興機構（ジェトロ）、世界のビジネスニュース（通商弘報）〈世界の祝祭日〉2016年度版より抜粋。
https://www.jetro.go.jp/biznews/holiday.html

国際デー

国連の記念日／年について

　国連は、国際デー、国際年を定めています。特定の日、または1年間を通じて、平和と安全、開発、人権／人道の問題など、ひとつの特定のテーマを設定し、国際社会の関心を喚起し、取り組みを促すため制定します。国連総会やさまざまな国連専門機関によって、宣言されます。

1月27日	ホロコースト犠牲者を想起する国際デー
2月 4日	世界がんの日
2月 6日	女性器切除の根絶のための国際デー
2月11日	科学における女性と女児の国際デー
2月13日	世界ラジオデー [UNESCO]
2月20日	世界社会正義の日
2月21日	国際母語デー [UNESCO]
3月 1日	エイズ差別ゼロの日 [UNAIDS]
3月 3日	世界野生生物の日
3月 8日	国際女性の日
3月20日	国際幸福デー
3月21日	国際人種差別撤廃デー
3月21日	世界詩デー [UNESCO]
3月21日	国際ノウルーズ・デー
3月21日	世界ダウン症の日
3月21日	国際森林デー（International Day of Forests）
3月22日	世界水の日
3月23日	世界気象の日 [WMO]
3月24日	世界結核デー [WHO]
3月24日	著しい人権侵害に関する真実に対する権利と犠牲者の尊厳のための国際人権デー
3月25日	奴隷および大西洋間奴隷貿易犠牲者追悼国際デー

3月25日	拘留中または行方不明のスタッフと連帯する国際デー
4月 2日	世界自閉症啓発デー
4月 4日	地雷に関する啓発および地雷除去支援のための国際デー
4月 6日	開発と平和のためのスポーツの国際デー
4月 7日	(1994年の)ルワンダにおけるジェノサイドを考える国際デー
4月 7日	世界保健デー [WHO]
4月12日	国際有人宇宙飛行デー
4月22日	国際マザーアース・デー
4月23日	世界図書・著作権デー
4月23日	英語デー
4月24-30日	世界予防接種週間 [WHO]
4月25日	世界マラリアデー [WHO]
4月26日	世界知的財産デー [WIPO]
4月28日	職場での安全と健康のための世界デー
4月29日	化学兵器による全ての犠牲者を追悼する日
4月30日	国際ジャズデー
5月 3日	世界報道自由デー
5月 8-9日	第二次世界大戦で命を失った人たちのための追悼と和解のための時間 (Time of Remembrance and Reconciliation)
5月 9-10日	世界渡り鳥の日 [UNEP]
5月15日	国際家族デー
5月17日	世界電気通信情報社会デー [ITU]
5月20日	ヴェサックの日(満月の日)
5月21日	対話と発展のための世界文化多様性デー
5月22日	国際生物多様性の日
5月23日	産科瘻孔をなくすための国際デー
5月29日	国連平和維持要員の国際デー
5月31日	世界禁煙デー [WHO]
6月 1日	国際親の日
6月 4日	侵略による罪のない幼児犠牲者の国際デー
6月 5日	世界環境デー [UNEP]
6月 6日	ロシア語の日
6月 8日	世界海の日

6月12日	児童労働に反対する世界デー	
6月13日	国際アルビニズム(白皮症)啓発デー	
6月14日	世界献血デー [WHO]	
6月15日	世界高齢者虐待啓発デー	
6月17日	砂漠化および干ばつと闘う国際デー	
6月19日	紛争における性的暴力根絶のための国際デー	
6月20日	世界難民の日	
6月21日	ヨガの国際デー	
6月23日	国連パブリック・サービス・デー	
6月23日	国際寡婦の日	
6月25日	船員デー [IMO]	
6月26日	国際薬物乱用・不法取引防止デー	
6月26日	拷問の犠牲者を支援する国際デー	
7月 2日	国際協同組合デー(7月第1土曜日)	
7月11日	世界人口デー	
7月15日	世界ユース技術デー	
7月18日	ネルソン・マンデラ国際デー	
7月28日	世界肝炎デー [WHO]	
7月30日	国際フレンドシップ・デー	
7月30日	人身取引反対世界デー	
8月 9日	世界の先住民の国際デー	
8月12日	国際青少年デー	
8月19日	世界人道デー	
8月23日	奴隷貿易とその廃止を記念する国際デー [UNESCO]	
8月29日	核実験に反対する国際デー	
8月30日	強制失踪の被害者のための国際デー	
9月 5日	国際チャリティー・デー	
9月 8日	国際識字デー [UNESCO]	
9月12日	国連南南協力デー	
9月15日	国際民主主義デー	
9月16日	オゾン層保護のための国際デー	
9月21日	国際平和デー	
9月26日	核兵器の全面的廃絶のための国際デー	

9月27日	世界観光デー
9月29日	世界海事デー [IMO]（9月の最終週）
10月 1日	国際高齢者デー
10月 2日	国際非暴力デー
10月 3日	世界ハビタット・デー（10月の第1月曜日）
10月 5日	世界教師デー [UNESCO]
10月 9日	世界郵便の日
10月10日	世界メンタルヘルス・デー [WHO]
10月11日	国際ガールズ・デー
10月13日	国際防災の日
10月15日	農山漁村女性のための国際デー
10月16日	世界食料デー [FAO]
10月17日	貧困撲滅のための国際デー
10月20日	世界統計デー（5年毎。2015年が2回目。）
10月24日	国連デー
10月24日	世界開発情報の日
10月27日	世界視聴覚遺産デー [UNESCO]
10月31日	世界都市デー
11月 2日	ジャーナリストへの犯罪不処罰をなくす国際デー
11月 5日	世界津波啓発デー
11月 6日	戦争と武力紛争による環境搾取防止のための国際デー
11月10日	平和と開発のための世界科学デー
11月14日	世界糖尿病デー
11月16日	国際寛容デー
11月17日	世界哲学の日（11月第3木曜日）
11月19日	世界トイレデー
11月20日	アフリカ工業化の日
11月20日	世界の子どもの日
11月20日	交通事故による犠牲者を追悼する世界デー（11月の第3日曜日）
11月21日	世界テレビ・デー
11月25日	女性に対する暴力撤廃の国際デー
11月29日	パレスチナ人民連帯国際デー
12月 1日	世界エイズ・デー

12月 2日	奴隷制度廃止国際デー
12月 3日	国際障害者デー
12月 5日	経済・社会開発のための国際ボランティア・デー
12月 5日	世界土壌デー [FAO]
12月 7日	国際民間航空デー [ICAO]
12月 9日	国際腐敗防止デー
12月10日	人権デー
12月11日	国際山岳デー
12月18日	国際移住者デー
12月20日	人間の連帯国際デー

出典：国際連合広報センター（United Nations Information Centre）国連の記念日／年・国際デー　http://www.unic.or.jp/activities/international_observances/days/

世界各国のナショナルデー(国家の日)

アイスランド	6月17日	独立記念日
アイルランド	3月17日	聖パトリックの日(イギリスの北アイルランドも同日)
アゼルバイジャン	5月28日	共和国記念日
アフガニスタン	8月19日	独立記念日
アメリカ合衆国	7月4日	独立記念日
アラブ首長国連邦	12月2日	建国記念日
アルジェリア	11月1日	革命記念日
アルゼンチン	5月25日	革命記念日
アルバニア	11月28日	独立宣言記念日
アルメニア	5月28日	1918年の共和国の日
アンゴラ	11月11日	独立記念日
アンティグア・バーブーダ	11月1日	独立記念日
アンドラ	9月8日	国家の日
イエメン	5月22日	統一記念日
イギリス	6月第2土曜日	女王誕生日
	6月第3土曜日となることもある	
イスラエル	ユダヤ暦イヤール月 5日	独立記念日
イタリア	6月2日	共和国宣言記念日
イラク	7月17日	革命記念日
イラン	イラン暦バフマン月(11月)22日	イスラム革命勝利記念日
インド	1月26日	共和国記念日
	8月15日	独立記念日
インドネシア	8月17日	独立記念日
ウガンダ	10月9日	独立記念日
ウクライナ	8月24日	独立宣言記念日
ウズベキスタン	9月1日	独立記念日
ウルグアイ	8月25日	独立記念日

エクアドル	8月10日	独立記念日
エジプト	7月23日	革命記念日
エストニア	2月24日	独立宣言記念日
エチオピア	5月28日	革命記念日
エリトリア	5月24日	独立記念日
エルサルバドル	9月15日	独立記念日
オーストラリア	1月26日	オーストラリアの日
オーストリア	10月26日	建国記念日
オマーン	11月18日	建国記念日
オランダ	4月30日	女王の日　前女王ユリアナの誕生日
ガイアナ	2月23日	共和国記念日
カザフスタン	10月25日	独立記念日
カタール	9月3日	独立記念日
ガーナ	3月6日	独立記念日
カナダ	7月1日	カナダの日　自治領創設記念日
ガボン	8月17日	独立記念日
カメルーン	5月20日	統一記念日
ガンビア	2月18日	独立記念日
カンボジア	11月9日	独立記念日
北朝鮮	9月9日	共和国創建記念日
ギニア	10月2日	独立記念日
ギニアビサオ	9月24日	共和国創立記念日
キプロス	10月1日	独立記念日
キューバ	1月1日	革命記念日
ギリシャ	3月25日	独立記念日
キリバス	7月12日	独立記念日
キルギスタン	8月31日	独立記念日
グアテマラ	9月15日	独立記念日
クウェート	2月25日	首長就位記念日
グルジア	5月26日	独立記念日
グレナダ	2月7日	独立記念日
クロアチア	6月25日	国家の日　独立記念日
ケニア	12月12日	独立記念日

コスタリカ	9月15日	独立記念日
コートジボワール	8月7日	独立記念日
コモロ	7月6日	独立記念日
コロンビア	7月20日	独立記念日
コンゴ	8月15日	独立記念日
コンゴ民主共和国	6月30日	独立記念日
サウジアラビア	9月23日	建国記念日
サモア	6月1日	独立記念日
サントメ・プリンシペ	7月12日	独立記念日
ザンビア	10月24日	独立記念日
サンマリノ	9月3日	共和国創立記念日
シエラレオネ	4月27日	独立記念日
ジブチ	6月27日	独立記念日
ジャマイカ	8月第1月曜日	独立記念日
シリア	4月17日	独立記念日
シンガポール	8月9日	独立記念日
ジンバブエ	4月18日	独立記念日
スイス	8月1日	建国記念日
スウェーデン	6月6日	国旗記念日
スーダン	1月1日	独立記念日
スペイン	10月12日	イスパニアの日
スリナム	11月25日	独立記念日
スリランカ	2月4日	独立記念日
スロバキア	8月29日	スロバキア国民蜂起記念日
	9月1日	憲法記念日
スロベニア	6月25日	建国記念日
スワジランド	9月6日	独立記念日
セイシェル	6月18日	建国の日
赤道ギニア	10月12日	独立記念日
セネガル	4月4日	独立記念日
セルビア	2月15日	セルビア共和国建国記念日
セントクリストファー・ネイビス	9月19日	独立記念日
セントビンセント・グレナディーン	10月27日	独立記念日

セントルシア	12月13日	セントルシアの日
ソマリア	7月 1日	建国記念日
ソロモン諸島	7月 7日	独立記念日
タイ	12月 5日	国王誕生日
韓国	10月 3日	開天節
中華人民共和国	10月 1日	国慶節　建国記念日
中華民国（台湾）	10月10日	国慶節（双十節）
タジキスタン	9月 9日	独立記念日
タンザニア	4月26日	連合記念日
チェコ	10月28日	独立記念日
チャド	4月13日	国民の日
中央アフリカ	10月12日	独立記念日
チュニジア	3月20日	独立記念日
チリ	9月18日	独立記念日
ツバル	10月 1日	ツバルの日
デンマーク	4月16日	女王誕生日
ドイツ	10月 3日	ドイツ統一の日
トーゴ	4月27日	独立記念日
トリニダード・トバゴ	8月31日	独立記念日
トルクメニスタン	10月27日	独立記念日
トルコ	10月29日	共和国記念日
トンガ	6月 4日	解放記念日
ドミニカ国	11月 3日	独立記念日
ドミニカ共和国	2月27日	共和国記念日
	8月16日	再興記念日
ナイジェリア	10月 1日	独立記念日
ナウル	1月31日	独立記念日
ナミビア	3月21日	独立記念日
ニカラグア	9月15日	独立記念日
ニジェール	12月18日	共和国の日
日本	2月11日	建国記念の日（旧紀元節）紀元前660年、記紀における神武天皇が即位したとされる日（ 1月 1日〈旧暦〉）

	12月23日	天皇誕生日　今上天皇の誕生日（※慣例）[1][2]
ニュージーランド	2月 6日	ニュージーランドの日（ワイタンギの日）
ノルウェー	5月17日	憲法記念日
ハイチ	1月 1日	独立記念日
パキスタン	3月23日	パキスタンの日（共和国記念日）
	8月14日	独立記念日
バチカン	10月22日	教皇ヨハネ・パウロ2世就任の日
パナマ	11月 3日	独立記念日
バヌアツ	7月30日	独立記念日
バハマ	7月10日	独立記念日
パプアニューギニア	9月16日	独立記念日
パラオ	7月 9日	憲法記念日
パラグアイ	5月15日	独立記念日
バルバドス	11月30日	独立記念日
バーレーン	12月16日	ナショナルデー（National Day）
ハンガリー	3月15日	1848年の革命と自由戦争記念日
	8月20日	建国記念日
	10月23日	1956年革命および共和国宣言の記念日
バングラデシュ	3月26日	独立記念日
東ティモール	5月20日	独立記念日
フィジー	10月第2月曜日	フィジーの日
フィリピン	6月12日	独立記念日
フィンランド	12月 6日	独立記念日
ブータン	12月17日	国王即位記念日
ブラジル	9月 7日	独立記念日
フランス	7月14日	フランス革命記念日
ブルガリア	3月 3日	民族解放記念日
ブルキナファソ	8月 4日	人民共和国発足記念日
ブルネイ	2月23日	建国記念日
ブルンジ	7月 1日	独立記念日
ベトナム	9月 2日	国慶節

世界各国のナショナルデー（国家の日）

ベナン	8月 1日	ナショナルデー(National Day)
ベネズエラ	7月 5日	独立記念日
ベラルーシ	7月 3日	独立記念日
ベリーズ	9月10日	英・スペイン戦記念日
	9月21日	独立記念日
ベルギー	7月21日	建国記念日
ペルー	7月28日	独立記念日
ホンジュラス	9月15日	独立記念日
ボツワナ	9月30日	独立記念日
ポーランド	5月 3日	憲法記念日
	11月11日	独立記念日
ボリビア	8月 6日	独立記念日
ポルトガル	6月10日	ポルトガルの日
マケドニア共和国	9月 8日	独立記念日
マーシャル諸島	5月 1日	建国記念日
マダガスカル	6月26日	独立記念日
マラウイ	7月 6日	共和国記念日
マリ共和国	9月22日	独立記念日
マルタ	9月21日	独立記念日
マレーシア	8月31日	独立記念日
ミクロネシア連邦	11月 3日	独立記念日
南アフリカ	4月27日	自由の日　憲法記念日
ミャンマー	太陰太陽暦(Dazaungmoun)10日ナショナルデー(National Day) 太陽暦では11月か12月	
メキシコ	9月16日	独立記念日
モザンビーク	6月25日	独立記念日
モナコ	11月19日	ナショナルデー(National　Day)
モーリシャス	3月12日	独立記念日
モーリタニア	11月28日	独立記念日
モルディブ	ヒジュラ暦第3月1日　ナショナルデー(National Day)	
モルドバ	8月27日	独立記念日
モロッコ	7月30日	国王即位記念日

モンゴル	7月11日	独立記念日
モンテネグロ	7月13日	国家の日
ヨルダン	5月25日	独立記念日
ラオス	12月2日	人民民主共和国建国記念日
ラトビア	11月18日	独立記念日
リトアニア	2月16日	独立宣言記念日
リビア	9月1日	革命記念日
リヒテンシュタイン	8月15日	建国記念日
リベリア	7月26日	独立記念日
ルクセンブルク	6月23日	大公誕生日
ルーマニア	12月1日	革命記念日
ルワンダ	7月1日	独立記念日
レソト	10月4日	独立記念日
レバノン	11月22日	独立記念日
ロシア	6月12日	ロシア独立記念日
(欧州連合)	5月9日	ヨーロッパの日
(パレスチナ解放機構)	11月15日	独立宣言記念日

出典：Wikipedia－国家の日　https://ja.wikipedia.org/wiki/

世界各国のナショナルデー（国家の日）

索　引

あ行

愛国者の日〈アメリカ〉(9月11日) …… 115
愛国者の日〈アメリカのマサチューセッツ州、メーン州、ウィスコンシン州の3州において制定〉(4月第3月曜日) ……… 60
アインシュタイン記念日 (6月30日) …… 82
アフリカ工業化の日 (11月20日) …… 144
アフリカデー〈アフリカ解放の日〉
　(5月25日) ……………………………… 70
アメリカ独立記念日 (7月4日) ……… 87
アラスカ・デー (10月18日) ………… 131
アラブ連合共和国建国の日 (2月1日) … 28
アンガム・デー〈ナウル共和国〉
　(10月26日) …………………………… 134
アンザックデー〈オーストラリア、ニュージーランド〉(4月25日) ……………… 58
移民の日〈アルゼンチン〉(9月4日) …… 112
イラン革命記念日 (2月11日) ………… 31
インボルクの祭り (2月2日) …………… 28
ウェーサク(VESAK)の日 (6月1日) … 74
エイズ差別ゼロの日 (3月1日) ………… 40
エイプリルフール (4月1日) …………… 52
エストニア独立記念日 (2月24日) …… 36
エドゥサ革命記念日〈フィリピン〉
　(2月25日) ……………………………… 36
エベレスト登頂記念日 (5月29日) …… 70
円周率近似値の日 (7月22日) ………… 94
円周率の日 (3月14日) ………………… 43
防衛者の日〈アメリカ〉(9月12日) …… 115
オーストラリアの日 (1月26日) ……… 24

オープンアクセスウィーク
　(10月最後の完全な週) ……………… 136
オゾン層保護のための国際デー
　(10月16日) …………………………… 129
お寝坊さんの日〈フィンランド〉
　(7月27日) …………………………… 96
オラフ祭 (7月29日) …………………… 96

か行

カート・ヴォネガットの日
　(11月11日) …………………………… 141
ガーナ独立記念日 (3月6日) ………… 41
カーフリーデー (9月22日) …………… 119
ガイアナ共和国記念日 (2月23日) …… 35
開天節〈韓国〉(10月3日) ……………… 125
開発と平和のためのスポーツの国際デー (4月6日) ……………………… 53
ガイ・フォークス・ナイト (11月5日) … 139
解放記念日〈クウェート〉(2月26日) … 36
解放記念日〈オランダ、デンマーク〉
　(5月5日) ……………………………… 63
科学と平和の国際週間
　(11月9～15日) ……………………… 147
科学における女性と女児の国際デー
　(2月11日) ……………………………… 31
化学兵器による全ての犠牲者を追悼する日 (4月29日) ……………………… 60
核実験に反対する国際デー (8月29日) 108
核兵器の全面的廃絶のための国際デー
　(9月26日) ……………………………… 120
カナダ国旗の日 (2月15日) …………… 33

205

カナダデー（7月1日）……… 86	（1月24日）……… 23
カミングアウトデー（10月11日）……… 128	国際アルビニズム（白皮症）啓発デー
カメハメハデー〈アメリカ、ハワイ州〉	（6月13日）……… 77
（6月11日）……… 76	国際移住者デー（12月18日）……… 154
カルチャー・フリーダム・デー	国際オゾン層保護デー（9月16日）……… 117
（5月第3土曜日）……… 71	国際親の日（国際デー）（6月1日）……… 74
ガンディー生誕記念日（インド）	国際音楽の日（10月1日）……… 124
（10月2日）……… 124	国際ガールズ・デー（10月11日）……… 128
キスデー〈韓国〉（6月14日）……… 78	国際学生の日（11月17日）……… 143
キューバ開放記念日（1月1日）……… 18	国際家族デー（5月15日）……… 66
強制失踪の被害者のための国際デー	国際寡婦の日（6月23日）……… 81
（8月30日）……… 108	国際看護師の日（5月12日）……… 65
禁酒の日（1月16日）……… 20	国際寛容デー（11月16日）……… 143
グラウンドホッグデー（2月2日）……… 29	国際吃音理解啓発の日（10月22日）……… 132
グリーンデー〈韓国〉（8月14日）……… 103	国際共同組合デー（7月第1土曜日）……… 97
クリスマス（12月25日）……… 155	国際幸福デー（3月20日）……… 45
クリスマス・イブ（12月24日）……… 155	国際高齢者デー（10月1日）……… 124
グレナダ独立記念日（2月7日）……… 30	国際コーヒーの日（10月1日）……… 124
グローバル土壌週間（19日～23日）…… 60	国際こどもの日（6月1日）……… 74
クロスカントリーの日（2月24日）…… 36	国際こどもの本の（4月2日）日 …… 52
クロスワードの日（12月21日）……… 155	国際山岳デー〈国際山の日〉
軍縮週間（10月24日～30日）……… 136	（12月11日）……… 153
経済・社会開発のための国際ボランティ	国際識字デー（9月8日）……… 114
ア・デー（12月5日）……… 151	国際司法の日（7月17日）……… 92
血清療法の日（12月4日）……… 150	国際ジャズデー（4月30日）……… 60
原子炉の日（12月2日）……… 150	国際障害者デー（12月3日）……… 150
国際薬物乱用・不正取引防止デー	国際消防士の日（5月4日）……… 62
（6月26日）……… 81	国際助産師の日（5月5日）……… 63
恋人の日〈ブラジル〉（6月12日）……… 77	国際女性デー（3月8日）……… 42
航空の日〈アメリカ〉（8月19日）……… 104	国際人種差別撤廃デー（3月21日）……… 45
光復節〈韓国〉（8月15日）……… 104	国際親善デー（5月18日）……… 67
拷問の犠牲者を支援する国際デー	国際森林デー（3月21日）……… 46
（6月26日）……… 82	国際青少年デー〈国際ユースデー〉
拘留中または行方不明のスタッフと連帯す	（8月12日）……… 102
る国際デー（3月25日）……… 47	国際生物多様性の日（5月22日）……… 69
ゴールドラッシュデー〈金の日〉	国際ダンスデー（4月29日）……… 60

206

国際男性デー（11月19日）……………143
国際チャリティーデー（9月5日）………112
国際デオキシリボ核酸（DNA）の日
　（4月25日）…………………………… 58
国際土壌デー（12月5日）………………151
国際ノーダイエットデー（5月6日）…… 63
国際ノウルーズ・デー（3月21日）…… 45
国際博物館の日（5月18日）…………… 67
国際反ホモフォビアの日（5月17日）… 67
国際ビーチクリーンアップデー
　（9月22日）……………………………119
国際非暴力デー（10月2日）……………124
国際腐敗防止デー（12月9日）…………152
国際フレンドシップデー（7月30日）…… 96
国際平和デー〈世界の停戦と非暴力の日〉
　（9月21日）……………………………118
国際防災の日（10月13日）………………128
国際防災デー（10月第2水曜日）………136
国際母語デー（2月21日）……………… 34
国際ホロコースト記念日（1月27日）… 24
国際マザーアースデー〈国際母なる地球
　デー〉（4月22日）……………………… 56
国際民間航空デー（12月7日）…………152
国際民主主義デー（9月15日）…………116
国際有人宇宙飛行デー（4月12日）…… 55
黒人歴史月間 ………………………………… 38
国民哀悼の日〈ドイツ〉
　（11月第3日曜日）……………………147
国連南南協力デー（9月12日）…………115
国連世界交通安全週間
　（5月4日〜10日）……………………… 71
国連デー（10月24日）……………………133
国連パブリック・サービスデー
　（6月23日）……………………………… 80
国連平和維持要員の国際デー
　（5月29日）……………………………… 70

国慶節〈ベトナム〉（9月2日）…………112
国慶節〈中国〉（10月1日）………………124
コモンウェルスデー〈イギリス〉
　（5月24日）……………………………… 70
コロンブス・デー〈ディスカバリーデー／大
　陸発見記念日／新大陸発見の日〉
　（10月12日）……………………………128
コロンブス・デー（10月第2月曜日）…136

━━━━━━━━ さ行 ━━━━━━━━

砂漠化および干ばつと闘う世界デー
　（6月17日）……………………………… 79
ザメンホフの日〈エスペラント語版、英語
　版〉（12月15日）………………………153
三一節〈韓国〉（3月1日）……………… 40
産科瘻孔をなくすための国際デー
　（5月23日）……………………………… 69
サン・ジョルディの日〈ゲオルギオスの日〉
　（4月23日）……………………………… 57
サン・フェルミン祭〈スペイン〉
　（7月6日）……………………………… 88
死者の日〈メキシコ〉（11月1日）………138
システム管理者の日（7月最終金曜日）… 97
シティーズ・フォー・ライフの日
　（11月30日）……………………………146
児童労働に反対する世界デー
　（6月12日）……………………………… 77
ジャーナリストへの犯罪不処罰をなくす国
　際デー（11月2日）……………………138
宗教改革記念日〈一部のプロテスタント系教
　会〉（10月31日）………………………135
十字架称賛の日〈カトリック教会〉
　（9月14日）……………………………116
自由の日〈南アフリカ〉（4月27日）……… 59
春節　　　　　　　　　　　　　　　 48

項目	ページ
教師の日〈シンガポール〉(9月1日)	112
植木日〈韓国〉(4月5日)	53
植樹節〈中国、中華民国〉(3月12日)	43
女性器切除の根絶のための国際デー (2月6日)	30
諸聖人の日〈万聖節〉(11月1日)	138
女性に対する暴力撤廃の国際デー (11月25日)	145
地雷に関する啓発および地雷除去支援のための国際デー (4月4日)	52
シルマンデー・ユースホステルの日 (8月26日)	106
進化の日 (11月24日)	145
人権宣言記念日 (8月26日)	106
人種差別と闘う人々との連帯週間 (3月21日～3月27日)	48
人身取引反対世界デー (7月30日)	96
新聞配達の日〈アメリカ〉(9月4日)	112
侵略による罪のない幼児犠牲者の国際デー (6月4日)	74
スーダン独立記念日 (1月1日)	18
スリランカ独立記念日 (2月4日)	29
スロバキア国民蜂起記念日〈スロバキア〉(8月29日)	108
聖アグネスの祝日 (キリスト教) (1月11日)	22
制憲節〈韓国〉(7月17日)	92
聖燭祭 (2月2日)	28
聖ステファノの日 (1月9日)	20
聖ニコラオスの日の前夜祭 (12月5日)	151
聖パトリックの祝日 (3月17日)	44
聖ステファノの日 (12月26日)	156
聖母の被昇天〈正教会〉(8月28日)	107
聖マルティヌスの日 (11月11日)	141
聖ヤコブの祭日 (7月25日)	94
聖ヨハネの日 (6月24日)	81
世界ALS/MNDデー (6月21日)	80
世界アマチュア無線の日 (4月18日)	56
世界アルツハイマーデー (9月21日)	118
世界異教徒間の講和週間 (3月第1週)	48
世界ヴィーガン・デー (11月1日)	138
世界宇宙週間 (10月4日～10日)	136
世界エイズデー (12月1日)	150
世界エイズ孤児デー (5月7日)	64
世界演劇の日 (3月27日)	47
世界海事デー (9月最終週の任意の日)	122
世界外傷デー (10月17日)	131
世界開発情報の日 (10月24日)	133
世界海洋デー (6月8日)	76
世界鎌状赤血球症デー (6月19日)	79
世界肝炎デー (7月28日)	96
世界環境デー (6月5日)	75
世界観光デー (9月27日)	120
世界関節炎デー〈World Arthritis Day〉(10月12日)	128
世界気象デー (3月23日)	46
世界希少・難治性疾患の日〈通称RDD〉(2月29日)	37
世界牛乳の日〈World Milk Day〉(6月1日)	74
世界狂犬病デー (9月28日)	121
世界教師デー (10月5日)	125
世界禁煙デー (5月31日)	70
世界勤倹デー (10月31日)	135
世界計量記念日 (5月20日)	68
世界血圧デー (5月17日)	67
世界結核デー (3月24日)	46
世界献血デー (6月14日)	77
世界高齢者虐待啓発デー (6月15日)	78
世界骨粗鬆症デー (10月20日)	132
世界こどもの日 (11月20日)	144

索引

世界詩歌記念日（3月21日）……… 45
世界死刑廃止の日（10月10日）……… 127
世界自殺予防デー（9月10日）……… 114
世界視聴覚遺産デー（10月7日）……… 134
世界湿地の日（2月2日）……… 28
世界自閉症啓発デー（4月2日）……… 52
世界社会正義の日（2月20日）……… 34
世界小児運動器デー〈World Pediatric Bone and Joint Day〉（10月19日）……… 131
世界消費者権利デー（3月15日）……… 44
世界食糧デー（10月16日）……… 129
世界人権デー（12月10日）……… 152
世界人口デー（7月11日）……… 90
世界腎臓デー（3月第2木曜日）……… 49
世界赤十字デー（5月8日）……… 64
世界脊椎デー（10月16日）……… 129
世界ぜんそくデー（5月第1火曜日）……… 71
世界対がんデー（2月4日）……… 29
世界ダウン症の日（3月21日）……… 46
世界知的財産デー（4月26日）……… 58
世界津波の啓発デー〈世界津波の日〉（11月5日）……… 139
世界手洗いの日（10月15日）……… 129
世界哲学の日（11月第3木曜日）……… 147
世界テレビ・デー（11月21日）……… 145
世界電気通信および情報社会の日（5月17日）……… 67
世界トイレデー（11月19日）……… 144
世界統計デー（10月20日）……… 132
世界糖尿病デー（11月14日）……… 142
世界動物の日（10月4日）……… 125
世界道路交通犠牲者の日（11月第3日曜日）……… 147
世界都市計画の日（11月8日）……… 140
世界図書・著作権デー（4月23日）……… 57
世界難民の日（6月20日）……… 80

世界の先住民の国際デー（8月9日）……… 102
世界の法の日（9月13日）……… 116
世界パスタ・デー（10月25日）……… 133
世界ハビタット・デー（10月第1月曜日）……… 136
世界ハロー・デー（11月21日）……… 145
世界反サイバー検閲デー（3月12日）……… 43
世界ビール・デー（8月第1金曜日）……… 109
世界病者の日〈ルルドの聖母の記念日〉（2月11日）……… 31
世界標準の日（10月14日）……… 129
世界フェアトレード・デー（5月第2土曜日）……… 71
世界平和の日（1月1日）……… 18
世界報道自由デー（5月3日）……… 62
世界保健デー（4月7日）……… 53
世界母乳の日（8月1日）……… 100
世界母乳育児週間（8月1日〜7日）……… 108
世界マラリアデー（4月25日）……… 58
世界水の日（3月22日）……… 46
世界メノポーズデー（10月18日）……… 131
世界メンタルヘルスデー（10月10日）……… 127
世界網膜の日（9月最終日曜日）……… 122
世界野生生物の日（3月3日）……… 41
世界郵便デー〈万国郵便連合の日〉（10月9日）……… 126
世界予防接種週間（24日〜30日）……… 60
世界ラジオデー（2月13日）……… 32
世界老人給食の日（9月第1水曜日）……… 121
世界渡り鳥の日（5月9日）……… 65
絶滅危惧種の日〈オーストラリア〉（9月7日）……… 113
船員デー（6月25日）……… 81
戦争と武力紛争による環境搾取防止のための国際デー（11月6日）……… 139
洗礼者ヨハネの斬首の祭日〈キリスト教〉

（8月29日）……………… 108
祖国解放戦争勝利記念日〈北朝鮮〉
　（7月27日）……………………… 95
祖国防衛の日〈ロシア〉（2月23日）…… 35
ソフトウェアの自由の日〈SFD〉
　（9月第3土曜日）……………… 121

■■■■■■■ た行 ■■■■■■■

大統領選挙の日〈アメリカ〉（11月第1月曜日の翌日の火曜日）……………… 147
第二次世界大戦で命を失った人たちのための追悼と和解のための時間
　（5月8日）……………………… 64
対日戦勝記念日〈イギリス〉（8月15日）… 104
対日戦勝記念日〈VJデー〉（9月2日）…… 112
太陽節〈朝鮮民主主義人民共和国〉
　（4月15日）……………………… 55
対話と発展のための世界文化多様性デー（5月21日）……………… 68
タップダンスの日〈アメリカ〉
　（5月25日）……………………… 70
男女平等の日〈アメリカ〉（8月26日）…… 106
父の日（6月第3日曜日）……………… 83
中華民国国慶日〈台湾〉（10月10日）…… 127
中国共産党創立記念日〈中国〉
　（7月1日）……………………… 86
データ・プライバシーの日（1月28日）… 24
テディベアズ・デー（10月7日）……… 134
東西ドイツ統一の日（10月3日）……… 125
トート1日〈古代エジプト〉
　（8月29日）……………………… 108
独立記念日〈バングラデシュ〉
　（3月26日）……………………… 47
独立記念日〈ボスニア・ヘルツェゴビナ〉
　（3月1日）……………………… 40

独立記念日〈モーリシャス〉（3月12日）… 43
ドッグ・デイズ（7月23日）…………… 94
ドミニカ共和国独立記念日
　（2月27日）……………………… 37
トランスジェンダー追悼の日
　（11月20日）…………………… 144
奴隷および大西洋間奴隷貿易犠牲者追悼国際デー（3月25日）……………… 47
奴隷制度廃止国際デー（12月2日）…… 150
奴隷貿易とその廃止を記念する国際デー
　（7月23日）……………………… 94
奴隷貿易とその廃止を記念する国際デー
　（8月23日）……………………… 105
ドレミの日（6月24日）………………… 81

■■■■■■■ な行 ■■■■■■■

ナイチンゲールデー（5月12日）……… 65
ナウル共和国独立記念日（1月31日）…… 26
南極の日（12月14日）………………… 153
ニノイ・アキノの日〈フィリピン〉
　（8月21日）……………………… 105
人間の連帯国際デー（12月20日）…… 154
ネイサンズ国際ホットドッグ早食い選手権〈アメリカ〉（7月4日）……… 88
ネルソン・マンデラ国際デー
　（7月18日）……………………… 92
農山漁村女性のための国際デー
　（10月15日）…………………… 129
ノーベル賞授与式の日（12月10日）…… 152
ノーベル賞制定記念日（11月27日）…… 146

■■■■■■■ は行 ■■■■■■■

肺がん撲滅デー（11月17日）………… 143
バスケットボールの日（12月21日）…… 155

210

母の日（5月の第2日曜日）……… 71
パブリックドメインの日（1月1日）…… 18
バルトロマイの記念日（8月24日）…… 106
パレスチナ人民連帯国際デー
　（11月29日）………………………… 146
バレンシアの火祭り〈スペイン〉
　（3月19日）…………………………… 45
バレンタインデー（2月14日）……… 33
ハロウィン（10月31日）……………… 135
ハングルの日〈韓国〉（10月9日）…… 126
ピアノ調律の日（4月4日）…………… 53
ピーターパンの日（12月27日）……… 156
ビキニデー（3月1日）………………… 40
飛行機の日（12月17日）……………… 154
非自治地域人民との連帯週間
　（5月25日～31日）…………………… 71
秘書の日〈セクレタリーズデー〉
　（4月27日）…………………………… 59
顕忠日〈韓国〉（6月6日）……………… 75
貧困撲滅の国際デー（10月17日）…… 130
豚の日（3月1日）……………………… 40
フラッグデー〈アメリカ〉（6月14日）… 77
ブラックデー〈韓国〉（4月14日）…… 55
フランス革命記念日〈パリ祭〉
　（7月14日）…………………………… 91
プログラマーの日〈ロシア〉（9月13日）… 116
平和と開発のための世界科学デー
　（11月10日）………………………… 140
ベトナム共産党設立記念日（2月3日）… 29
ペニシリン記念日（2月12日）……… 32
ボーイスカウト創立記念日（1月24日）… 23
ボクシング・デー（12月26日）……… 156
ホグマネイの祭り〈スコットランド〉
　（12月31日）………………………… 157
ボスの日〈米国〉（10月16日）……… 130
ホワイトデー（3月14日）……………… 43

香港特別行政府設立記念日（7月1日）… 86
ポンペイ最後の日（8月24日）……… 105

■━━━━━━ ま行 ━━━━━━■

マーティン・ルーサー・キング・デー
　（1月第3月曜日）…………………… 26
マオリ語週間（7月上旬～8月上旬の月曜日
　から始まる7日間）…………………… 97
マキシミリアノ・マリア・コルベ神父の祝
　日（8月14日）……………………… 103
マザー・テレサの日〈アルバニア〉
　（10月19日）………………………… 131
マリリン・モンローの日（6月1日）… 74
ミャンマー独立記念日（1月4日）…… 19
ミラの聖ニコラウスの祝日
　（12月6日）………………………… 152
民族解放記念日〈ブルガリア〉
　（3月3日）…………………………… 41
冥王星の日（2月18日）……………… 33
メーデー（5月1日）…………………… 62
メキシコ憲法記念日（2月5日）……… 30
メロンの日（8月第2日曜日）……… 108

■━━━━━━ や行 ━━━━━━■

UFO記念日〈空飛ぶ円盤記念日〉
　（6月24日）………………………… 81
ユネスコ憲章記念日（11月4日）…… 138
ヨーロッパ言語の日（9月26日）…… 120
ヨーロッパ戦勝記念日・VE（Victory in
　Europe）デー（5月8日）…………… 65
ヨーロッパデー（5月8日）…………… 65
ヨガの国際デー（6月21日）………… 80
4人の司祭の日〈アメリカ〉（2月3日）…… 29

ら行

ラテラノ条約締結記念日〈バチカン市国〉
　（2月11日）……………………………………… 31
リトアニア国家再建記念日
　（2月16日）……………………………………… 33
リメンブランス・デー（11月11日）……… 141
リンドン・ベインズ・ジョンソンの日
　〈アメリカ〉（8月27日）…………………… 106
ルワンダにおけるジェノサイトを考える国
　際デー（4月7日）……………………………… 54
レイバー・デー〈米国〉
　（9月第1月曜日）………………………………121

労働安全衛生世界デー（4月28日）……… 59
ローズデー・イエローデー〈韓国〉
　（5月14日）……………………………………… 66
ロータリー設立記念日（2月23日）……… 35

わ行

ワールドシンキングデー（2月22日）…… 35
和解の日〈南アフリカ共和国の旗〉
　（12月16日）…………………………………… 153
ワシントン誕生日（2月第3月曜日）……… 38
ワン・ウェブ・デー〈One Web Day〉
　（9月22日）…………………………………… 119

■主な参考文献

　本書の執筆・編集にあたっては、主に下記の書籍ならびにインターネット・ウェブサイトの情報を参考にさせていただきました。お礼申し上げます。
　なお、ウェブサイトは、本書刊行日時点で確認した情報に拠ります。

【書籍】
「世界史のための人名辞典」水村光男　山川出版社
「物事のはじまりハ？」チャールズ・パナティ　フォーユー
「最新世界史図説　タペストリー」　帝国書院
「記念日・祝日の事典」加藤迪男　東京堂出版
「今日は何の日」ＰＨＰ研究所編　ＰＨＰ研究所
「今日は何の日」雑学研究会編　ＰＨＰ研究所
「３６６日　記念日事典」日本記念日協会編　加瀬清志
「３６５日の雑学本」平成暮らしの研究会編　河出書房新社
「『誕生日』の謎！」不思議データ調査室編　青春出版社
「今日はどんな日？　雑学３６６日」近藤道郎　展望社
「雑誌 暮しの手帖 − 世界の祝祭日」暮しの手帖社
「データブックオブ・ザ・ワールド」二宮書店

【ウェブサイト】
ウィキペディア フリー百科事典
　　https://ja.wikipedia.org/wiki/
・Wikipedia: 今日は何の日１月－12月
・各国のナショナル・デー
　　https://ja.wikipedia.org/wiki/
国際連合広報センター（United Nations Information Centre）
・国連の記念日／年
　　http://www.unic.or.jp/activities/international_observances/days/
米国大使館　東京・日本ホームページ
　　http://japanese.japan.usembassy.gov/
・CELEBRATE! 米国の祝日
　　http://americancenterjapan.com/aboutusa/monthly-topics/monthly-topics-category/celebrate
JETRO 日本貿易振興機構（ジェトロ）
世界のビジネスニュース（通商弘報）
・世界の祝祭日
　　https://www.jetro.go.jp/biznews/holiday.html
大学共同利用機関法人　自然科学研究機構ウェブサイト
国立天文台（NAOJ）
　　http://www.nao.ac.jp/

〈著者〉
中野展子（なかの のぶこ）
愛媛県松山市生まれ。早稲田大学社会科学部卒業。佛教大学大学院文学研究科仏教文化専攻修士課程修了。コピーライターとして、主に企業広報誌の執筆・制作に携わり、現在はフリーライター・編集プランナーとして活動。著書は『素敵なホームパーティ』（泰流社）、『女性だから成功するマイショップ』（ＭＧ出版）、『年齢談義』『お金の常識・非常識』『おふくろとお母さん』（以上心交社）、『年齢の話題事典』『老いの話題事典』（東京堂出版）など。他にも健康・気功・暮らしに関する書籍を執筆・企画・プロデュースしている。

世界の祝祭日の事典

2016年5月16日　初版印刷
2016年5月25日　初版発行

著　者	中野展子
発行者	大橋信夫
印刷・製本	有限会社 章友社
装丁・組版	Katzen House
発行所	株式会社 東京堂出版 http://www.tokyodoshuppan.com/ 〒101-0051　東京都千代田区神田神保町1-17 電話 03-3233-3741　振替 00130-7-270

Ⓒ N.Nakano. 2016, Printed in Japan
ISBN978-4-490-10877-4 C1520